中国石油天然气集团有限公司

长风破浪

新员工跟踪培养优秀案例

《长风破浪　新员工跟踪培养优秀案例》编写组　编

石油工业出版社

图书在版编目（CIP）数据

长风破浪：新员工跟踪培养优秀案例 /《长风破浪 新员工跟踪培养优秀案例》编写组编. -- 北京：石油工业出版社, 2025. 7. -- ISBN 978-7-5183-7773-2

Ⅰ. F426.22

中国国家版本馆CIP数据核字第2025C5Z486号

长风破浪：新员工跟踪培养优秀案例

《长风破浪　新员工跟踪培养优秀案例》编写组　编

出版发行：石油工业出版社
　　　　　（北京安定门外安华里2区1号　100011）
　　　网　　址：www.petropub.com
编　辑　部：(010)64523611　64523737　图书营销中心：(010)64523622
经　　销：全国新华书店
印　　刷：北京中石油彩色印刷有限责任公司

2025年7月第1版　　2025年7月第1次印刷
740×1060毫米　开本：1/16　印张：15.25
字数：161千字

定　价：78.00元
（如出现印装质量问题，我社图书营销中心负责调换）
版权所有，翻印必究

《长风破浪 新员工跟踪培养优秀案例》

编 委 会

主　任： 朱庆忠
副主任： 胡红民　姜学峰　仲斯伟
成　员： 任宏伟　于沛连　夏克明
　　　　　洪金秀　李廷璐　田解超　谷海峰

编 审 组

组　长： 任宏伟
成　员： 孟韶龙　巴特尔　李廷璐　洪金秀　刘金莉
　　　　　段　钢　张　旭　白瑞宾　孙卓凡　郑　伟
　　　　　董禹辰　张天娇　刘一皓藐　陈新彬
　　　　　王开宇　颜廷涧　邓　彬　戴岩林　蔡佳兴
　　　　　李卓静　王永志

编写说明

新员工培养是推进中国石油高质量发展的基础性、战略性任务。为贯彻落实中国石油人才强企工程，健全"生聚理用"人才发展机制，完善与新时代发展相适应的新员工基础培养体系，中国石油下发《中国石油天然气集团有限公司关于加强新入职员工基础培养工作的指导意见（试行）》。根据该指导意见，中国石油人力资源部从2021年开始连续四年组织开展新员工跟踪培养和集中培训相关工作，取得了良好成效。

为对标先进，营造比学赶超氛围，我们按照主题鲜明、内容充实、感悟深刻、文笔流畅、逻辑通顺五项标准，精选44篇新员工培养优秀案例汇编成册，供各单位参考借鉴。

本书编写组

目　　录

 扎根基层

1. 用脚步丈量沙漠　书写赤诚人生

　　　　　　　　　　　　　　　塔里木油田分公司 / 003

2. 青春"石油红"绘就绿色低碳好"风光"

　　　　　　　　　　　　　　　吉林油田分公司 / 008

3. 培养青年新生力　蓄力发展新动能

　　　　　　　　　　　　　　　大庆石化分公司 / 013

4. 青春正当时　不予负流年

　　　　　　　　　　　　　　　兰州石化分公司 / 017

5. 踔厉奋发　以青春之姿勇毅前行

　　　　　　　　　　　　　　　宁夏石化分公司 / 021

6. 勇攀成长高峰　踏上征程之路

　　　　　　　　　　　　　　四川石化有限责任公司 / 028

7. 南海扬帆砥砺行　逐梦远航做标杆

　　　　　　　　　　　　　　广东石化有限责任公司 / 032

8. 砺才砺志夯人才强企根基　争先创优赋企业发展新能

　　　　　　　　　　　　　　　天然气销售分公司 / 037

9. 浪花飞溅凭鱼跃　敞怀揽风再扬帆

　　　　　　　　　　　　　　　云南销售分公司 / 042

10. 从新人到标杆　逐梦之旅的成长华章

　　　　　　　　　　　　　　　天津销售分公司 / 047

11. 不忘初心走好能源报国路　笃定前行谱写青春奋斗歌

　　　　　　　　　　　　　　　　　　　　甘肃销售分公司 / 052

12. 青衿之志　履践致远

　　　　　　　　　　　　　　　　　　　　青海销售分公司 / 057

13. 用忠诚赓续石油精神　用奋斗绘就青春底色

　　　　　　　　　　　　　　　　　　　　重庆销售分公司 / 064

14. 争当"燃"系青年　书写石油篇章

　　　　　　　　　　　　　　　　　　　　湖南销售分公司 / 069

15. 脚踏实地扎根基层　仰望星空勇攀高峰

　　　　　　　　　　　　　　　　　　　北京项目管理分公司 / 076

科研一线

16. 精准滴灌　多维赋能　引领科技青年向新求质

　　　　　　　　　　　　　　　　　　　大庆油田有限责任公司 / 083

17. 扬帆起航自奋楫　不负韶华更向前

　　　　　　　　　　　　　　　　　　　　长庆油田分公司 / 088

18. 乘风破浪争头渡　不待扬鞭自奋蹄

　　　　　　　　　　　　　　　　　　　　新疆油田分公司 / 095

19. 靶向施策精准发力　跑出西油高层次人才培养"加速度"

　　　　　　　　　　　　　　　　　　　　西南油气田分公司 / 100

20. 逐梦扶摇上　韶华赶日光

　　　　　　　　　　　　　　　　　　　　华北油田分公司 / 105

21. 深植厚壤固根基　发愤图强成栋梁

　　　　　　　　　　　　　　　　　　　　浙江油田分公司 / 110

22. 以石油科研青年之名　筑页岩气科技自强之梦

　　　　　　　　　　　　　　　　　　　　勘探开发研究院 / 115

目 录

23. 扬青春之朝气　奏炼化之华章

　　　　　　　　　　　　　　　　广西石化分公司 / 119

24. 铸牢石油梦　青春矢志行　书写逐梦前行的开篇

　　　　　　　　　　　　中石油克拉玛依石化有限责任公司 / 126

25. 苦干实干淬本领　常学常新创佳绩

　　　　　　　　　　　　　　　　　石油化工研究院 / 133

26. 扎根西部闯油海　科技创新树标杆

　　　　　　　　　　　　　　　西部钻探工程有限公司 / 137

27. "红工衣＋白大褂"深度融合　锻造能文能武的新时代石油青年

　　　　　　　　　　　　　　　渤海钻探工程有限公司 / 142

28. 勇攀蜀道之巅　锚定人生"井位"

　　　　　　　　　　　　　　　川庆钻探工程有限公司 / 147

29. 弘扬科学家精神　逐梦科技自立自强

　　　　　　　　　　　　东方地球物理勘探有限责任公司 / 152

30. 让青春在科研一线绽放绚丽之花

　　　　　　　　　　　　　　　　　　测井有限公司 / 156

31. 一路奔跑　一路阳光

　　　　　　　　　　　　　　　　　　　规划总院 / 161

32. 扎根井场磨炼石油精神　基础科研推动技术发展

　　　　　　　　　　　　　　工程技术研究院有限公司 / 166

创新营销

33. 生逢新时代　奋斗正当时

　　　　　　　　　　　　　　　　燃料油有限责任公司 / 173

34. 强基固本　向成长为"四懂一会"营销人才持续奋斗

　　　　　　　　　　　　　　　华南化工销售分公司 / 178

35. 做潺潺流水　与时光一道流过西南山川每一处湖海

　　　　　　　　　　　　　　　　西南化工销售分公司 / 183

36. 青春在奋斗中闪耀

　　　　　　　　　　　　　　　　东北销售分公司 / 188

37. 尊德行而道问学　励青春以践知行

　　　　　　　　　　　　　　　　广东销售分公司 / 193

38. 青春逐梦　砥砺前行　卓越篇章正开启

　　　　　　　　　　　　　　　　四川销售分公司 / 197

39. 破浪前行　争做市场营销攻坚先锋

　　　　　　　　　　　　　　　　安徽销售分公司 / 201

40. 科研创新与岗位实践并进　争做新时代石油销售后备军

　　　　　　　　　　　　　　　　山东销售分公司 / 206

奋战金融

41. 精心育才　轮岗强能　"传帮带"助力新员工成长起航

　　　　　　　　　　　　　　　　中油财务有限责任公司 / 213

42. 一段启新开篇的奋进之路

　　　　　　　　　　　　　　　　昆仑银行股份有限公司 / 219

奔赴海外

43. 笃行不辍　实干担当　向复合型国际化人才目标不懈奋斗

　　　　　　　　　　　　　　　　国际事业有限公司 / 225

44. 保障能源安全　时刻冲锋在前

　　　　　　　　　　　　　　　　中油国际管道有限公司 / 229

扎根基层

用脚步丈量沙漠　书写赤诚人生

塔里木油田分公司

青苗之始

　　宋东东，男，2021年毕业于西安交通大学应用化学专业，硕士研究生学历，中共党员，现在塔里木油田分公司（以下简称塔里木油田）勘探事业部钻井液工程岗工作。入职以来，先后在塔里木油田监督中心钻井监督岗位、勘探事业部钻井液工程岗等锻炼学习。获得塔里木油田优秀共产党员、勘探事业部先进宣传个人等荣誉，获全国钻井液完井液交流研讨会议论文一等奖、三等奖等奖项，被评为塔里木油田优秀实习生，发表论文4篇，作为尹达创新工作室的一员，承担工作室设计及建设任务，团队获得2023年塔里木油田科技进步奖二等奖，参加团队科技攻关项目2项。

　　塔里木油田不负青年人的热忱和信念，针对新员工构建科学培养体系，对传统管理中重使用、轻培养的情况，遵循"引育并重、用考结合"原则，构建全周期培养机制，对新入职员工实施"一人一策"精准培养，建立"双导师"带教模式，设定阶梯式成长目标，通过"任务驱动＋项目攻关"实践历练，辅以考核激励与竞技平台，遴选钻井液专家担任其导师，推动人才在科技创新一线快速成长。

纸上得来终觉浅，绝知此事要躬行

钻井液研究是一门小专业，但其作用却不容小觑，当井下出现复杂情况时，往往需要通过调整钻井液解除故障。刚参加工作不久的他对这个深奥的专业产生了浓厚的兴趣，主动请缨加入钻井液队伍。2022年，宋东东在坪探1井连续驻井学习4个多月，工装上常常沾满钻井液、沙土与汗水，但他不叫苦不叫累，在工作中常学、常问、常总结，用心记下关键环节、重要工序。这种仔细、严谨的工作态度，为他发表入职后的第一篇科研论文打下了基础。场地工、钻井液工、井架工……宋东东在各岗位轮流实习，每一个岗位都脚踏实地、真干真练。第一次拧钻井液罐的上水阀门，双手紧握阀杆，根据开关大小控制流量，紧张得他出了一身冷汗。第一次熟悉钻井循环系统，跟着不同的管路行进，认真记录管汇尺寸、相关支路的流向等数据。第一次值夜班，正赶上固井施工，他主动加入班组进行水泥浆检验，在测试台和固井车之间不停穿梭，取样测试，直到达到设计标准。好记性不如烂笔头，下班后不管多晚他都会坚持把当天所学内容整理在笔记本上，以便温故而知新。遇到特殊工况，更会反复询问导师、仔细分析，在以后的操作中，一遍

宋东东在测量钻井液密度

遍重复加深印象。

雄关漫道真如铁，而今迈步从头越

勘探事业部深化"人才+项目""人才+工程"融合培养模式，依托塔西南井壁稳定、山前提产攻关、富满深层快速完井等重点项目、重点工程，助推新员工在解决技术难题中提升能力，有效激活人才创新活力，加速形成深地工程技术核心力量。阿北1JS井在恢复老井眼作业期间，勘探事业部选派宋东东担任该井的钻井液专业负责人，他深知钻井液的性能保障就是提速的关键，便采用轻浆冲刷、重稠浆携砂的"轻重并举"方式，力保井眼的清洁，并严格落实好各项措施，积极做好现场钻井液组织、保障及调整等各项工作，确保安全快速地完成井眼恢复工作，为后续钻进提供了有力保障。最终该井较设计提前43天顺利完钻，并获得高产工业油气流，为石炭—二叠系的油气资源勘探贡献出自己的一份力量。

宋东东在对钻井液性能进行测试

宝剑锋从磨砺出，梅花香自苦寒来

注重拓宽人才发展通道，优化人才成长生态。通过搭建管理、专业技术、团队岗位"三通道"职业体系，破除唯学历、唯资历等陈旧观念，树立"人人皆可成才"的导向，破格选拔青年人才担任井长，35岁以下人员占比达45%，将青年技术骨干置于急难险重任务中历练，为青年骨干开辟成长快车道。2024年，宋东东竞聘担任塔西南片区一口重点风险探井井长，在该井溢流期间，他作为井长靠前盯防，积极主动协调各方资源，结合现场情况对压井液密度进行确定，结合现场钻井液及材料储备情况，快速配制压井液，为现场提供生产组织和技术支撑。鏖战一天一夜后终于压井成功，那一刻他的双眼布满血丝，满脸疲惫，但嘴角还是不自觉地扬起了微笑……2023年，按照塔里木油田人才强企工作相关要求，他参与建设尹达创新工作室的任务，从设计理念到室内布局、从颜色搭配到资料收集、编辑，他修改了一遍又一遍，历经两个多月最终如期揭牌，获得同事们一致好评，该工作室也为塔里木油田培养了一大批钻井液专家。通过组织培养及自身努力，宋东东代表勘探事业部积极参加塔里木油田组织的各种文体、技术技能竞赛，在每次大赛中都取得优异成绩，荣获优秀共产党员、优秀实习生等称号。

沙漠并不遥远，人生充满温情。敢问路在何方？路，就在脚下！宋东东说："不是我把青春献给了塔里木，而是塔里木点亮了我的青春。身为一名共产党员，在组织的培养下，我找到了前进的方向，并

不断成长。我将以一颗赤心相迎,全力担起'90后'石油人的责任,也将继续用行动书写塔里木石油人的光荣与担当,为保障国家能源安全贡献自己的力量。"

青春"石油红"绘就绿色低碳好"风光"

吉林油田分公司

> 王江平,男,2021年毕业于兰州理工大学测控技术与仪器专业,本科学历,中共党员,现在吉林油田分公司(以下简称吉林油田)新能源有限公司检维修试验站副主任岗工作。自入职以来,王江平先后在新能源有限公司检维修试验站发电巡检组、试验检修组、通讯自动化组等锻炼学习。2022年,王江平的创新成果创造直接经济效益近800万元。2022年获评吉林油田优秀青年志愿者,2023年获评集团公司优秀共青团员,2024年获评集团公司优秀青年突击手,个人优秀事迹被刊登在中国共青团《中华儿女》杂志。

自2022年吉林油田抢抓国家"双碳"战略机遇,全力推进新能源业务发展,吉林油田新能源有限公司检维修试验站的技术人员、团支部书记王江平便几乎天天泡在风光发电项目建设现场,泥巴沾满裤腿,汗水湿透衣背,寒风再冷、夏日再烈,也挡不住他为绿电建设奋战的火热激情。

王江平在检查设备工作状态

从零到一,在传统能源变革中寻新路

如何快速从传统供变电向新能源领域转变?如何让自己的工作更能适应企业发展?

王江平首先从自己擅长的变电所自动化保护系统领域入手,慢慢摸索领会,白天利用空余时间学,晚上挑灯夜战学,在日常工作实践中遇到不懂的原理,他便记录在随身携带的本子上,晚上再去找专业书籍查找学习。

吉林油田针对新能源人才紧缺这一现状立即联系具有丰富经验、理论知识权威的东北电力大学,与之结对子搭台子,为吉林油田青年人才打造全面立体式培训体系。新能源公司针对新入职员工的专业特点,制定出台《新能源公司人才培养方案》,成立以执行董事、党委书记任组长的人才培养建设小组，顶层设计、统一规划人才引进、接续培养工作，开展"企校双师、工学一体"的人才培养、个性化岗前培训、岗位技能比武、新型师带徒、建设专家工作室等，培养了一批适用性新能源产业技能人才。一批又一批青年人跟随电力系统资深技师的步伐，开启了专业技能、风光发电相关基本原理和线路搭建知识的学习之旅。通过自学和带学，王江平的专业技术水平和职业素养不断提升，逐渐成为吉林油田新能源王牌队伍中的一员。

朝耕暮耘，在绘就韶华底色中踏新程

吉林油田15万千瓦风光发电项目是集团公司首个大规模自消纳风光发电工程，相关研究也处于起步阶段。为了迅速提升自己，王江平主动参与到15万千瓦风光发电项目建设中，从风机可研、初设、审批、进场施工到并网发电，紧跟项目建设，不断提升技能。在北湖C2风机并网发电前夕，王江平更是冒着严寒，连续3晚彻夜调试软件系统。2022年12月26日下午3点58分，伴随着"大风车"吱吱转动，集团公司风光发电项目第一台风机正式并网发电，实现了集团公司从传统油气生产向新能源领域的实质性跨越。

匠心筑路，在逐梦绿色低碳中谱新篇

"博观而约取，厚积而薄发"，这是王江平自学生时代以来的座右铭。入职后1年间，他就分析提出、制作改进多项生产设备，为吉林油田新能源业务发展贡献青春力量。参与集控站运行与管理、Zn122型真空断路器、线路真空开关远程控制、分布式光伏提升发电效率、VS1型真空断路器控制模块改造等创新项目。从2021年逐步接触参

与项目，到 2022 年开始踏入创新创效项目的研究，再到 2023 年创新创效项目屡获奖项，再到 2024 年独自承担企业级生产难题 2 项，担任集团公司第三届技术大赛生产创新和青年创意 2 个项目总负责人。在一项又一项技术革新实践中，王江平不断提高自身创新水平与设计能力，努力实现从设计图纸到实物产品的"最后一公里"跨越，迅速成长为吉林油田新能源业务技术创新方面的佼佼者和引领者。

一手抓技能本领，一手抓创新创效，王江平始终重视创新创效在生产中的灵活运用。他与吉林油田电力技能专家高兴业结成师徒，依托技能专家工作室搭建青年创新工作室，带领青年员工在岗位上开展创新创效工作，将想法落到实践，将创新落到效益。

王江平在调试设备

作为青年技术骨干，王江平凭借专业的技术水平和攻坚克难的劲头，勇挑重担，承担并负责了多项吉林油田新能源业务发展任务。目前，他设计的 Zn122 型真空断路器改造及分布式光伏提升发电效率已经投入生产，并取得了较好的经济效益；他参与的集控站运行与管理建设正在吉林油田全面铺开，以此搭建的吉林油田电力调度数据网及新能源发电集控中心的业务正在蓬勃展开。

奋斗是青春最靓丽的底色。风起云涌间，王江平正积极投身吉林油田转型发展大潮，为新能源业务发展注入新的希望。

培养青年新生力 蓄力发展新动能

大庆石化分公司

青苗之始

> 周春宇，男，2021年毕业于东北石油大学化学工程与技术专业，硕士研究生学历，工程师，现在大庆石化分公司（以下简称大庆石化）乙烯二部乙烯装置区裂解外操岗位工作，曾获得大庆石化第三十四届生产技术运动会乙烯装置操作工赛区技术能手、大庆石化2024年度青年岗位能手等荣誉称号。

自入职以来，周春宇勤奋敬业、刻苦钻研，始终保持谦虚谨慎的学习态度和勇于创新的实践精神，扎根一线提升能力素质，立足岗位磨炼工作本领，快速从一名"初出茅庐"的毕业生，成长为可以在工作岗位独当一面的裂解工段"全岗通"。

聚力尽才，健全人才培养机制

大庆石化认真贯彻落实集团公司关于加强新入职员工基础培养工作的有关要求，以深入推进人才强企工程为重要抓手，不断健全"生聚理用"人才机制，持续完善新员工基础培养体系，自2023年以来，制定新入职员工培养"启航计划"，细化"三阶段"培养总体设计，积极推进"双导师"培养，明确新员工培养的"施工图"和"路线图"。

为切实加强新员工培养历练，大庆石化优先将新入职毕业生分配到主要生产单位，同时向新建项目及新材料研发单位倾斜。入职以后，周春宇被分配到乙烯装置区工作，这是我国首个国产化大型乙烯成套装置，曾彻底改变半个世纪以来我国乙烯技术依赖进口的被动局面。他在国产乙烯技术高地、人才培养摇篮中实习能增长本领、磨炼意志。

因材施教，丰富人才培养载体

大庆石化积极为青年员工成长锻造能力素质提升快速通道，打造技能大师工作室培训活动、技术大讲堂、名师带高徒、专业互培、专项能力评定等多项培训举措，多点发力促进新员工技术技能水平提升，助力快速成长成才。

乙烯二部根据乙烯装置特点编制了20余万字的培训教材，组织专业技术人员、技师、班组长等为新员工进行多层级轮流授课，开展工艺流程、设备基础等知识的全要素培训。

周春宇在各项培训考核中，成绩均名列前茅，为进一步强化培养，让其与全国乙烯装置行业技能竞赛金牌、全国技术能手、集团公司先进个人、龙江工匠、龙江技术能手等多项殊荣获得者邢通达结成师徒对子、签订师徒合同。师傅手把手带着周春宇查流程、走现场，并对周春宇进行工艺流程、操作技能、专业技术、安全素质等方面的全方位培训。功夫不负有心人，在师傅的引导下，他在较短时间内就达到了室外操作独立顶岗的水平。

跟进培养，把握人才成长规律

刚入职时，为了快速掌握装置流程，摸清装置运行状态，周春宇常常利用休息时间去现场查流程，他科学制订学习计划，坚持每天查清一张流程图的内容。通过日复一日的查现场流程，周春宇逐渐熟悉并掌握了装置流程，并成为同期新员工中第一个进入中控室进行主操作学习的青年员工。进入中控室后，他自我加压，主动提出同时进行裂解炉岗位和急冷岗位"双岗"学习的请求，了解到他的学习需求后，专业技术人员和班组人员根据他的学习进度有针对性地为他"开小灶"，实行前一天授课，第二天检验考核的模式，促使他的主操岗位操作水平快速进步。

周春宇在中控室操作设备

2022年12月，大庆石化组织一批乙烯装置操作人员赴广东石化协助开工，此时周春宇已经成为一名优秀的外操，也被委以重任，成为开工团队的一员。在广东石化工作的3个月，他积极与各单位开工专家交流学习，不仅顺利完成各项开工任务，而且系统学习了广东石化的工艺包，熟练掌握了现场流程，专业知识和技术水平得到了迅速提升。

明确导向，扎根一线成长成才

2023年是大庆石化的大修年，企业召开专门培训会议，安排布置各单位在检修中抓好近年入职员工的培训工作，确保员工在急难险重任务中快速提高实际工作能力。对于乙烯E3装置来说，这是首次5年一大修，也是有史以来难度最高的一次检修，时间紧、任务重。为强化岗位练兵，乙烯装置区经过细致考虑决定由周春宇牵头负责裂解工段理化检验工作，2000多根管线理化检验要求精确到每一个弯头、每一个变径，以及对应管道的材质。

为了保证理化检验的进度和质量，他每天提前半小时到达现场，在保温铁皮上为每根管线进行编号。时值3月初，大庆的气温仍然较低。周春宇克服天气的寒冷，带领检验人员到现场一根一根确认管线，出色完成全部理化检验任务，为检修按期完成做出了重要贡献。

宝剑锋从磨砺出，梅花香自苦寒来。经过扎实的岗位学习和实践锻炼，周春宇目前正在乙烯二部运行四班运行工程师岗位轮岗工作，下一步，还将系统学习丁二烯、MTBE、加氢抽提、苯乙烯等装置操作及工艺，并积极参与大横班班组管理，为他走上更大的发展平台、承担更重要的使命赋能蓄力。

青春正当时　不予负流年

兰州石化分公司

崔耀辉，男，2021年毕业于西安石油大学机械设计制造及其自动化专业，大学本科学历，共青团员，现在兰州石化分公司（以下简称兰州石化）橡胶部设备组设备工程师岗工作。自入职以来，先后在15万吨/年丁苯橡胶装置凝聚干燥、回收等岗位锻炼学习，2023年获全国丁苯橡胶装置操作工竞赛金牌、甘肃省优秀共青团员等荣誉，并被评为集团公司技术能手。

按照兰州石化关于新入职员工三年基础培养方案的要求，通过标准化岗位培训"筑基"、多岗位轮换"赋能"等培训培养举措，努力提升新员工职业素养和专业技能。培养过程中，崔耀辉在设备管理与生产工艺优化方面表现突出，在导师指导、专项赋能和

崔耀辉在检修设备

不断学习中，专业技术能力稳步提高，并在国家级技能竞赛中取得优异成绩，被纳入兰州石化"百名青年技术骨干"培养计划。

入职启航，技能跃升

崔耀辉在检查材料库存

在能力培养方面，兰州石化历来重视综合素质和"跨界"技能的锻炼，指定优秀的技术技能专家担任"双导师"开展专项辅导。崔耀辉将学习放在首要位置，努力在提高自身技能上下功夫，第一次与导师见面，师傅就告诉他，设备管理者不能只懂设备，还要学习工艺技术，否则无法高质量完成工作。在导师的指引下，崔耀辉对装置工艺流程及设备原理产生了强烈的好奇心，看到师傅去现场干活，便会立刻跟在师傅身边，利用每一次工作机会提高实际操作能力，"能再带我走一遍现场吗？"这句话几乎成了他的口头禅。在岗学习期间，他独自绘制47张岗位流程图，深入理解装置运作机制。上班时，崔耀辉利用巡检过程学习，不放过每个细节，2022年1月初，他在上班时遇到装置污水管线破裂事件，深知学习机会难得，他主动深入现场学习故障诊断及处理方法，结合理论知识与现场实际，不断打磨技术、提高本领，就这样边干边学，在8个月内，他学会了丁苯橡胶装置后处理系统主要流程与设备的工作原理及相关操作方法，掌握了橡胶生产的核心技术。

笔记筑基，搭建体系

好记性不如烂笔头，画流程图、记学习笔记、编写技术报告也是新入职员工培养的基本要求，除完全掌握本岗位工艺流程和关键工艺控制指标外，还需要全面了解装置上下游生产运行情况，目的就是帮助和督促他们尽快熟悉生产流程，全面提升综合业务能力。在掌握后处理系统后，崔耀辉主动前往聚合回收系统学习前系统工艺流程及设备原理，面对挑战，他随身携带笔记本记录问题，并积极向同事、导师、技术专家求教，无论是设备的运行细节，还是操作手册，他都力求做到知其然更知其所以然。2023年装置大检修期间，利用设备打开有利机会，他积极进取、深入探索学习设备内部结构及工作原理，同时还主动参与运行部设备台账梳理工作，即使工作任务繁重，他也充分利用早晨、午休及夜晚的闲暇时间，争分夺秒充实自我，坚持定期将所学内容整理成笔记，通过回顾、总结、链接，将新知识融入已有的知识体系中，形成自己特有的学习体系，仅通过4个月的学习，便掌握了聚合回收系统主要工艺流程，还完成1700余台压力容器及管道的资料整合，助力装置一次开车成功。

团队引领，共创辉煌

兰州石化始终把竞赛作为选拔人才、培养人才、加快人才成长的重要举措，在参加全国丁苯橡胶装置操作工竞赛封闭培训期间，兰州石化选派技术技能专家为参赛学员进行专项赋能授课，他和团队成员利用宿舍与自习室间通勤的碎片时间，共同复习所学知识；定期组织交流会，将自己的学习心得、学习策略无私地分享给团队成员，促进团队成员间的知识交流与共同提升，推动团队学习效率的最大化。最终，在团队成员的共同努力下，兰州石化代表队在全国丁苯橡胶装置操作工竞赛中取得了2金1银1铜和团体二等奖的好成绩。

崔耀辉在全国丁苯橡胶装置操作工竞赛颁奖仪式现场

在兰州石化新入职员工体系化培养战略的精准赋能下，结合个人持续精进的职业追求，崔耀辉凭借自己刻苦钻研、勇于攀登的求知欲望和脚踏实地、兢兢业业的工作态度，快速掌握本岗位所需的基本技能和业务内容，还成功激发了团队成员工作的积极性与主动性。他不断运用所学专业知识和亲身实践，积极参与设备管理工作，为有效处置现场设备异常状态和装置高效安全运行出谋划策，提出的合理化建议被多次采纳，参与的"胶浆泵叶轮改造""丁苯尾气处理装置检修工期优化改造""丁苯装置输送线弯道输送带堆胶器攻关""挤压机水捞胶回收技术攻关"等技改技措项目，累计创效超过百万元。

踔厉奋发　以青春之姿勇毅前行

宁夏石化分公司

　　马志新，男，2021年毕业于西安石油大学化学工程与工艺专业，本科学历，现在宁夏石化分公司（以下简称宁夏石化）炼油四部烷基化岗位工作。自参加工作以来，在宁夏石化炼油四部烷基化岗位锻炼学习至今。马志新不断学习，快速成长，积极参加各种活动和竞赛并获得荣誉。2022年7月获宁夏石化"岗位建功二十大，安全合规伴我行"主题演讲比赛三等奖，9月获宁夏石化第四届安全技能大赛团体三等奖，12月被评为宁夏石化五佳青年；2023年3月获宁夏石化第二十八届QC成果二等奖，5月被评为宁夏石化优秀共青团员，6月获宁夏石化第五届安全技能大赛团体一等奖，9月获得宁夏回族自治区优秀QC成果一等奖，12月被评为炼油四部先进个人；2024年1月被评为宁夏石化2023年度"师带徒"工作优秀学员，4月获宁夏石化2024-003号嘉奖令，5月被评为宁夏石化优秀共青团员，12月获宁夏石化安全标兵；2025年5月被评为宁夏石化优秀共青团员。

时光如炼塔中奔涌的油流，四年光阴倏忽而过。回首从一名初出茅庐、对装置轰鸣心怀忐忑的"炼化新兵"，到如今能独立顶岗、参与关键操作的合格员工，马志新的蜕变是扎根于宁夏石化和炼油四部精心构筑的培养沃土的结果，他的每一步成长都浸润着组织的智慧与力量。

"培"基铸魂，"1+3"精准领航

入职之初，宁夏石化便立足生产实际，为马志新量身制定5年培养计划，并配备经验丰富的"思想导师""业务导师""技术导师"。思想导师如暗夜灯塔，引领其树立正确的价值取向，明晰人生目标与规划；业务导师紧扣岗位需求，帮助他明确职责、把握工作重点与方法；技术导师则将理论与实操紧密结合，围绕设备原理构造、维护保养等技能倾囊相授，助力其快速具备独立解决问题的能力。在此基础上，班组进一步创新，为他打造"四个一"培训新模式。

一日一话题，以每日特定学习话题为抓手，马志新与班组师傅深入探讨、交流，在思维碰撞中查漏补缺，熟练掌握各项技能操作要点容。

一班一讨论，有效提升综合能力。班组以百题问答本的形式，每个轮班由班长组织班组员工跟他一起讨论、学习，各抒己见、在思想交锋中提升综合能力。

一周一培训，针对日常生产中的易发问题与知识盲点，班组通过理论授课、现场讲解、实操模拟等多元形式，精准补强专业知识。

一月一考试，每月进行1次操作考核，考核内容紧密关联近期学

习培训内容，有力督促学习进度。

"四个一"培训模式涵盖自学、培训、锻炼与督促多个环节，从多维度、深层次助力马志新夯实基础，实现学以致用，显著提升应急能力与综合素质，为其成长成才筑牢根基。

"严"炼精技，实战砺剑淬真章

宁夏石化深谙"压力催生动力，实战锻造真才"之道，持续为新入职员工"压担子"，促使他们在高压环境中锤炼技能。在技术导师的严密监护下，马志新逐步承担起更多基础操作重任，无论是 DCS 画面的细致监控、工艺参数的精准调节，还是日常巡检的隐患排查、小型设备的独立切换，每项任务都全力以赴。而每一次任务完成后，导师都会即刻展开复盘，抛出"这个参数波动的原因是什么？""如果出现异常，你的第一步反应是什么？"等问题，引导他深入思考。这种"实战+精讲"的模式，让他的操作技能迅速从生疏走向娴熟，更让他深刻领悟操作背后的原理。

此外，其所在炼油四部定期举办"工艺讲流程、技师讲操作"的"技术大讲堂"。工艺工程师对照 PID 流程图，对现场流程进行抽丝剥茧式的剖析，从阀门、管线到设备，逐一细致解读；装置技师毫无保留地分享自身丰富操作经验，着重叮嘱操作注意事项。这些宝贵的知识与经验分享，犹如一把把钥匙，解开了马志新在操作过程中积累的诸多疑惑，极大地拓宽了他的技术视野，提升了思考深度。

凭借在严苛环境下的不懈努力，入职 1 年，马志新以优异成绩通过新员工转正考试，成功考取烷基化和加氢工艺危化品 2 项操作证，获得烷基化装置操作工、硫酸生产工第二工种的职业技能等级初级证书；入职2年，他熟练掌握烷基化装置主要设备的构造与工作原理，能够高质量完成设备的交出与投用工作；入职4年，他在工艺领域对装置流程和反应原理了然于胸，在开停工方面积累了丰富经验，具备出色的应急处理能力，能够主动发现现场隐患，并在突发情况下与班组密切配合，从容应对，已然成长为班组骨干和岗位能手。

马志新在记录设备工作状态

"干"路拓新，笃行致远创佳绩

宁夏石化始终秉持"实践出真知，平台育英才"的理念，致力于为新员工搭建广阔的成长舞台，马志新便是这一理念下快速成长的典型代表。

生产一线实践对员工成长具有关键作用，宁夏石化为马志新创造了许多宝贵的锻炼机会。他先后投身于装置停工大检修、多次烷基化装置窗口检修、废酸装置窗口检修、换热器检修，以及烷基化反应器检修等重大任务。在实践过程中，经验丰富的师父全程一对一悉心指导，他在师父带领下，深入钻研设备构造、反应原理与开停工步骤。尤其在烷基化反应器检修时，面对流程陌生的挑战，他在师父教导下，从停工退料、能量隔离上锁挂签、吹扫置换，到交出检修、开工投用等环节，一步一个脚印，不断钻研探索，能力得到飞速提升，如今已能熟练带领岗位员工完成反应器的切除与投用工作。

宁夏石化不仅注重新员工实践锻炼，还积极为他们搭建创新平台。工作第三年，以 QC 活动为契机，鼓励马志新牵头组建团队，针对烷基化装置能耗问题展开攻关。从目标设定、原因分析，到措施制定、对策实施与成果巩固，全程提供技术支持与资源保障。在团队共同努力下，成功将烷基化制冷压缩机 K-301 电流由 245A 降低至 240A 以下，实现压缩机电耗年节约 655467kW·h，年节约成本 2.3 万元，其负责的 QC 课题《减少制冷压缩机 K-301 电耗》荣获宁夏回族自治区 QC 成果一等奖。

"细"察明微，精巡护安守匠心

在化工生产一线，细节决定成败，安全重于泰山。马志新始终秉持"在岗一分钟，安全六十秒"的理念，以高度的责任心和严谨细致的态度开展巡检工作。凭借敏锐的观察力，他先后发现废酸二冷底部硫酸管线泄漏、水洗循环泵 P-403A 出口砂眼泄漏、V-703 入口软管硫酸泄漏、废酸泵 P-704A 机封泄漏等多处隐患。

其中，在及时发现循环异丁烷泵 P-501B 出口液化气泄漏隐患后，他迅速配合班组人员进行妥善处理，成功避免事故扩大，为烷基化装置的安全平稳运行保驾护航，并获宁夏石化 2024-003 号嘉奖令。宁夏石化号召全体员工以他为榜样，聚焦装置安全，守护生产防线。

春种秋收，笃行致远。站在新的起点，马志新将以"千锤百炼终成钢"的毅力精进技术，深耕烷基化与废酸装置领域，力求学深悟透、融会贯通。宁夏石化也将锚定专业技术骨干与高技能人才双通道

马志新获宁夏石化 2024-003 号嘉奖令

培养方向，通过全周期跟踪指导与精准化培育方案，为新员工的成长提供坚实保障，助力马志新在专业领域不断突破，实现个人价值与企业发展的双向奔赴。

勇攀成长高峰　踏上征程之路

四川石化有限责任公司

青苗之始

覃大鑫，男，2021年毕业于四川大学化学工程专业，硕士研究生学历，入党积极分子，现在四川石化有限责任公司（以下简称四川石化）化工一部丁二烯岗位工作。自参加工作以来，先后在四川石化炼油一部催化裂解装置、炼油二部柴油加氢装置、炼油三部PX装置、化工一部乙烯装置、化工二部高密装置、化工三部环氧乙烷装置锻炼学习。2023年获四川石化"五小创新优秀成果"二等奖（回丁脱重系统助剂注入点改造项目），参与完成集团公司创新平台精馏系统阻聚剂挥发性差导致装置发生堵塞难题攻关和丁二烯装置长周期运行提质增效项目，所在运行一班荣获2024年化工一部大检修优秀青年突击队，覃大鑫荣获2023年化工一部青年先锋岗。

四川石化人力资源部针对新入职员工培养工作，制定了《新入职员工培养工作方案》，培养分三阶段进行：轮岗见习锻炼、综合素质提升和职业能力培养。第一阶段让新入职员工充分了解企业全部生产经营业务，配备思想导师、技术导师和业务导师"三导师"。第二阶段要求员工熟悉掌握应急处置和开停工操作，能够进行隐患排查。第三阶段结合组织目标与个人能力，初步确定经营管理、专业技术和技能操作职业发展方向，到专业部门进行短期锻炼。

虚心求教，打牢基础

覃大鑫在入职第一年里，通过在各个生产部门进行为期1~3个月的轮岗实习，熟悉了炼化一体化装置工艺流程，打好了理论基础，掌握了基本情况，拓宽了技术视野，提高了多岗位适应能力。

一年后正式进入丁二烯岗位时，为了尽快学到真本领，他每天跟着师傅巡检，向师傅请教，细查每一条工艺流程、琢磨每一台设备操作方法、牢记每一个操作参数。熟悉工艺流程是工作基础，但是把工艺管线、设备、仪表都了然于胸是一件很不容易的事，每天下班回到宿舍，覃大鑫都会对所查的流程进行绘制掌握，第二天继续接续上，一天天完善。就这样，他心里逐渐有了一个整套工艺的微缩立体模型，阀门控制点位置、管线排布，他都了如指掌，熟记于心，为后续的深入工作打下了坚实的基础。

忠于职守，善于钻研

2023年春节，丁二烯装置除炔塔塔压控阀PV11007阀后变径管线处出现腐蚀裂缝，由于管道内部液体流速快，未发生明显泄漏，覃大鑫21点巡检，发现了该重大隐患，及时汇报，连夜处理。对阀后管线变径进行厚度检测后发现，各检测点减薄率均已达70%以上，他随即将调节阀切至副线手动控制，连夜更换变径管线，成功将风险隐患遏制在萌芽阶段；后续还趁着这股爱钻研的劲儿，立即对冷冻水调节阀及管道腐蚀原因进行分析，与岗位工程师和设计院进行交流讨论，在工程师的指导下编写了《乙二醇水溶液腐蚀原因分析及防腐措施》，并在集团公司创新平台申请课题进行进一步研究。覃大鑫作为一名入党积极分子，一直努力向先锋模范靠拢，春节期间坚守岗位，认真站好每一班岗，把重大安全隐患消灭在萌芽之中，保证装置安稳运行。

2023年4月，丁二烯装置冰机蒸发器液位大幅波动一直没有得到有效解决，由于蒸发器液位设有高液位联锁，有极大可能造成设备跳车，影响装置正常生产，为了解决这个问题，覃大鑫在现场看数据、查流程、盯仪表，不断分析原因，推断出是看似不相干的调节阀FV11042卡塞而引起的，经过现场确认果然如此，隐患就此解除。覃大鑫有股"好学，肯钻，爱琢磨"的劲儿，是同事和领导对他的一致评价。

自2018年大检修以来，四川石化丁二烯装置平稳运行63个月，创下国内丁二烯装置最长运行周期。但在运行末期，丁二烯气相聚合严重，这对装置的正常运行提出了挑战。2023年9月15日，丁二烯装置停车进行大检修。在这之前，覃大鑫作为主要参与人员，全身心投入到丁二烯装置长周期运行提质增效项目的研究中。他每个月都对关键工艺参数进行记录和收集，定期对固定点位进行取样分析，并将所有数据进行系统整理。同时，还结合专业软件对工艺情况进行模拟，以判断装置内的聚合状况，并及时与工程师进行沟通交流，调整工艺参数，以确保装置在大检修前的平稳运行。整个项目过程，覃大鑫充分展现优秀的专业水平，不仅擅长数据整理，还善于运用专业软件进行工艺模拟，将自己所学的专业知识和实际情况相结合，为装置优化提供了创新思路。

踏实肯干，精益求精

在大检修期间，覃大鑫展现出吃苦耐劳、敢于挑重担品质。在准备工作时，积极配合特检院进行大检修管线标识工作，现场查找标识管线516条，同时协助工程师编写大检修丁二烯装置清理验收标准，并接下18台塔器、43台换热器、21台储罐的清理和验收工作。对待验收工作更是一丝不苟，现场经常能看见他从各个塔器人孔进出，检查清洗质量和进度，并根据验收情况协调安排作业人员，确保了清洗工作的高效进行。在最后大检修质量自查问题时，还排查出15项低标准及隐患，以认真负责验收的态度为他人树立了良好榜样。对于仅到丁二烯岗位2年的覃大鑫来说，在大检修的过程中他感到缺乏经验是自己的一项短板，为了确保检修工作的顺利进行，他以积极的工作态度投入检修工作，在学中干、在干中学，不仅锻炼了技术技能，也在实践中不断成长。

覃大鑫的成长历程，正是四川石化"三阶段"培养模式的生动实践。从轮岗见习的广泛积累，到综合素质的全面提升，再到职业能力的精准培养，他每一步都走得扎实而坚定。作为一名新时代的青年员工，他始终保持着"初心不改、砥砺前行"的信念，用实际行动诠释了责任与担当。

南海扬帆砥砺行　逐梦远航做标杆

广东石化有限责任公司

　　欧阳锦明，男，2022年7月毕业于中国石油大学（北京）过程装备与控制工程专业，大学本科学历，共青团员，现为广东石化有限责任公司（以下简称广东石化）炼油四部连续重整外操。入职以来，先后参与大机组单机试运、联动试车及隐患和技术瓶颈攻关等工作，2年的时间里，掌握了连续重整装置14台大机组的开停机和应急处置操作，成为在关键时候能挺身而出的设备小能手。2022年获得广东石化优秀实习生荣誉，提前半年转正上岗。

建设期：满腔热情，攻坚克难

　　2022年，广东石化炼化一体化项目建设进入关键时期，广东石化为青年员工制定了培养工程，通过入职培训及"双导师"带徒机制，引导青年员工增加安全生产、企业文化、业务流程等方面的认识，快速融入企业，提升职业素养。欧阳锦明通过扎实的理论培训，现场查流程，参与编写操作卡、试车方案等学习实践，以优异的表现被安排加入炼油四部设备试车小组，参与炼油四部管辖的石脑油加氢、连续重整、氢气回收等装置14台大型机组试车。参与新工艺、新设备和先进的控制系统的开车调试时，他总是凑在最前面，积极抓住理论联系实践的机会，认真学习现场流程与实际操作要点，吃透并掌握关键设备工作性能和操作方法。

勤奋好学是欧阳锦明的标签，工作中总是抓住一切可以学习的机会学习。每当白天工作结束后，他都会根据工艺和设备流程图认真对照学习，仔细翻看试车方案和操作卡，一遍遍复盘师傅们的操作步骤，模拟现场操作场景，每当出现疑问时就到跑到现场，追着师傅和职业导师不断提问，确保完全吃透每一条管线、每一台设备、每一块仪表和每一个工艺流程。在师傅刘俊生、龚清华和职业导师朱荣欣的帮助和指导下，3个月时间就完成压缩机现场流程和试车流程的学习，从一个当初跟在师傅后面拿着工具的小学徒，迅速成长为能够独立完成工作任务的好帮手。

进入大机组试车阶段后，欧阳锦明全程协助专业工程师，处理解决试车过程中遇到的各类问题，先后发现各类隐患25项并跟踪处理，不仅做到隐患问题闭环管理，而且14台大型机组单机试运、联动试车均实现一次成功，欧阳锦明也顺利掌握了五联合所有机组的开停机操作。

投产期：稳扎稳打，夯实基础

2022年12月，连续重整装置进入开工投产阶段后，欧阳锦明回到班组参与装置开工，在这里他把开工作为淬炼本领的"磨刀石"。

在他眼里，每一次设备开工调试都是难得的学习机会，理论在生产实践中不断被具象化，此时一株青苗也便一点点茁壮成长起来。在工作中表现优异的欧阳锦明，被炼油四部纳入后备人才培养梯队，按设备工程师重点培养。根据既要懂得专业知识，更要学习生产操作；既要在现场学会外操，更要到中控去精细操作的培养要求，炼油四部为其配备了二级工程师和设备副经理作为培养导师，提供全方面的指导和帮助。从开工垫油到现场流程切换，从启泵到开压缩机，学流程、跑现场、开阀门、启机组、点炉子，他从未抱怨过枯燥、苦累。面对每一次的开工挑战，他不仅没有退缩，而且更燃起了斗志并立下誓言：拿下重整！吃透工艺！有了前期设备试车的工作经验，胆大心细的欧阳锦明主动承担起班组大型机组开机的工作任务，也将自己所学传授给其他年轻员工，让大家共同成长。2022年12月31日，新年的钟声敲响前，重整装置一次开工成功的喜悦，冲掉了他和伙伴们持续奋战带来的疲惫和压力。开工是最好的"练兵场"，入职不到半年，他就通过外操上岗考核，具备了基本的顶岗能力，因工作业绩突出，被评为广东石化2022届优秀实习生并提前转正。

生产期：扬帆起航，砥砺前行

欧阳锦明入职第二年，依托广东石化新员工"护航计划"、青年员工培养工程，不断学习和积累专业知识，提升业务水平，从开始的"知其然"向"知其所以然"发生转变，从设备小能手走向装置小能手。每当生产出现异常波动时，他总是能积极思考，率先奔赴现场，快速做出应急处置，确保生产安全平稳。2023年12月31日的一次紧急生产事件，是对欧阳锦明入职 1 年多来学习成果的检验。那天，连续重整Ⅱ装置氢气增压机 K-2002 联锁停机，面对紧急情况，欧阳锦明立即联系内操查明联锁停机原因，同时有条不紊地协同岗位人员迅速赶到现场进行应急处置：启动汽轮机盘车、查看凝结水罐液位、打开蒸汽疏水、确认干气密封状态、做 K-2002 开机和恢复生产准备……最终不到 2 个小时，K-2002 进入启机升速程序，应急处理工作得到炼油四部一致好评。

2024 年 3 月，经广东石化人力资源部批准，欧阳锦明走上见习设备工程师岗位，锻炼综合协调能力，提升专业知识和专业素养。作为职业导师的设备副经理时刻关注着欧阳锦明的成长，为加强他在异常事故情况下的处理能力，制订学习计划，让欧阳锦明参与应急处置及异常波动处理。他先后参与 2501-P-1005B、2502-P-2001B、

欧阳锦明在进行设备巡检

2503-P-2004B 等振动 C 区机泵的攻关任务和现场动设备创标准化工作，交付的工作均受到炼油四部的通报表扬。

2024 年 3 月，连续重整Ⅱ装置再生系统窗口检修期间，勇于攻坚克难的欧阳锦明又跟着工程师开展检修物资准备、检修项目跟踪、检修质量确认等工作。面对检修项目多、任务重、时间紧等实际情况，他不畏困难、不怕吃苦，坚守装置检修施工一线，连续作战，以实际行动践行大庆精神铁人精神，出色完成连续重整Ⅱ装置检修任务并再一次开车成功。

无奋斗，不青春。欧阳锦明牢记习近平总书记寄语新时代广大青年"应该在奋斗中释放青春激情、追逐青春理想，以青春之我、奋斗之我，为民族复兴铺路架桥，为祖国建设添砖加瓦。"的谆谆教诲，时刻保持奋进向上的信念，跟随广东石化高质量发展的脚步，一起共绘广东石化高质量发展的美好蓝图。

砺才砺志夯人才强企根基
争先创优赋企业发展新能

天然气销售分公司

青苗之始

> 戴岩林，男，2021年毕业于北京大学古生物学与地层学专业，硕士研究生学历，中共党员，现在天然气销售北京公司（以下简称北京公司）工作。自入职以来，先后在北京华油联合燃气开发有限公司门头沟分公司基层班组户内安检岗、巡线计量岗、场站运行岗，经营计划部工程管理岗，综合办公室党务管理兼文书秘书岗，以及北京公司办公室党务管理岗，天然气销售分公司人力资源部综合管理岗等岗位锻炼学习。荣获第四届全国石油石化专业职业技能国家级竞赛燃气管网运行工竞赛承办工作先进个人，北京公司综合办公业务先进个人、党群业务先进个人等荣誉。

天然气销售分公司党委深入推进人才强企工程，精心构筑新入职员工基础培养体系，创新构建"分层培养、交叉轮训、跟踪评价、动态管理"四位一体培养机制，通过"双师"指导、轮岗历练、实训基地建设及重大项目实践等多维发力，打造新时代青年人才成长快车

道，有效促进新员工快速融入、全面发展。

分层筑基，在挑战中实干笃行

天然气销售分公司构建"项目公司—分公司—本部"三级递进培养体系，实施精准化分层培养。在项目公司培养阶段，通过"双师制"导师带徒，帮助新员工系统掌握业务流程与安全规范；在分公司培养阶段，重点强化其业务统筹与管理能力；在本部培养阶段，聚焦战略思维与综合管理能力提升。在基层班组工作期间，戴岩林出色完成燃气安全巡检、场站值守、客户服务等多项工作任务，展现出较强的适应能力、沟通能力、学习能力、执行能力。通过双向挂职的机会，进入北京公司职能部室进阶成长，多次参与重要会议的筹备及重要文字材料的起草工作，其业务管理能力和综合素质得到快速提升。第三年，天然气销售分公司通过综合评价员工个人能力和工作表现，抽调戴岩林进入人力资源部进行学习锻炼，参与天然气销售分公司级专项工作。其间，他独立承担并完成多项关键任务，获得部门领导和同事的一致认可，实现从"业务能手"到"管理骨干"的阶梯式成长。

历练成才，在磨炼中勇担重任

天然气销售分公司创新推行"基础培训＋业务轮岗＋项目实践"三维实践培养方式。新员工需经历操作技能岗、专业技术岗、业务管理岗、综合职能岗等多岗位轮换，在值守基层场站、市场开发一线、政府对接窗口、重大项目活动等不同场景中锤炼能力。戴岩林在集团公司首次新入职员工集中培训中，积极主动承担起培训筹备、班级管理、宣传报道等工作，不仅以优秀的表现完成培训学习任务，还作为新员工代表带动新入职员工完成从校园走向职场的转变，快速进入工作状态。2023年、2024年戴岩林全程参与集团公司新员工集中培训筹备及管理工作，受到中国石油管理干部学院、天然气销售分公司领导的高度认可。在轮岗期间，他主动要求与班组员工一同轮班轮休、直面客户，参与200余户燃气安全入户检查、100多公里市政管道巡检工作，同时将一线工作中发现的问题、感受和想法融入对天然气销售分公司终端业务的管理建议中，在北京公司挂职期间督办重点工作154项次，起草《党委工作要点》《党委落实全面从严治党主体责任情况报告》等方案报告共计30余份，准备会议及相关文件材料20余次，实现业务能力与管理视野的双重提升。在天然气销售分公司人力资源部，组织开展2024年、2025年组织史总部卷续编及企业卷编纂

戴岩林参加中国石油2023年新员工集中培训

及培训工作，参与大集中 ERP 及人事共享对接工作，组织开展人力资源管理系统数据专项核查整改工作，完成天然气销售分公司 2024 年中青年干部班、优秀年轻干部班文字材料的起草工作。

跟踪问效，在工作中熠熠生辉

天然气销售分公司通过建立个人成长档案，动态记录工作表现、培训成果与项目贡献，构建"过程留痕、结果导向"的跟踪评价体系。在 2023 年第四届全国石油石化专业职业技能竞赛中，戴岩林作为赛事保障小组工作人员，高标准、高效率、高质量完成竞赛保障工作，工作水平和敬业精神得到行业协会、参赛单位和天然气销售分公司领导的一致好评，荣获赛事承办工作先进个人荣誉。从事党群工作时，他始终坚持"抓党建促发展"工作思路，统筹推进基层党组织建设与生产经营深度融合，荣获天然气销售分公司党群业务先进个人称号。从事秘书岗位工作时，以"精、准、严、实"标准要求，高质量完成综合办公各项工作，在天然气销售分公司年度工作会议、全国职业技能竞赛等重大活动中，独立承担议程设计、材料汇编、现场协调等核心工作，获评天然气销售分公司综合办公业务先进个人荣誉。

企业发展，人才先行。天然气销售分公司集企业之力、聚各方资源，初步构建了"分层培养、交叉轮训、跟踪评价、动态管理"四位一体培养机制，"经营管理、专业技术、操作技能"多岗位学习、"项目公司—分公司—本部"多层级历练的多元化人才培养模式，不仅为新员工的快速成长铺设了更为顺畅、坚实的道路，也为企业自身的可

持续发展与能源领域影响力的增长积蓄了强大的内在动力。展望未来，天然气销售分公司将持续秉持高度的责任意识，将人才培养工作作为一项基础性、战略性、全局性工作，不断深化人才发展规律的认识，为推动中国石油在全球能源舞台上发挥更加重要的作用提供坚强有力的人才支撑。

浪花飞溅凭鱼跃　敞怀揽风再扬帆

云南销售分公司

符寿，男，2022年毕业于中国科学院大学计算机科学与技术专业，本科学历，共青团员。自入职以来，先后在云南曲靖销售分公司（以下简称曲靖分公司）沾益阳光加油站营业员、值班经理等岗位锻炼学习，现在曲靖分公司投资质量安全部工程管理岗位轮岗见习。曾获云南销售分公司（以下简称云南销售）第十届职业技能竞赛优秀选手奖。

云南销售始终高度重视青年人才队伍建设，创新采用"轮岗学习+成长进步+强化培养"3年3阶段培养模式。第一阶段，安排新员工在加油站、油库、本部部门轮岗，多维度培养业务技能与管理能力，同时制定《大学生综合考核评价实施细则》，客观、公正、科学地评价新员工工作表现。第二、三阶段依据综合考核结果将新员工分配到加油站经理、值班经理、油库主任助理等实职岗位，促进青年人才成长。培养期间，为新员工配备业务师傅与培养导师，进行专业知识传授和成长跟踪。通过不断健全完善培养管理机制，助新员工从

"知识接收者"向"价值创造者"成功蜕变。

岗位历练，厚积薄发

云南销售积极搭建新入职员工实践锻炼平台，通过"大站+小站""油库+油站""操作+管理"复合培养模式，帮助年轻干部开阔视野、丰富经验、提升能力。按照第一阶段轮岗培养规划，符寿首先到曲靖分公司沾益阳光加油站担任营业员。他立足岗位，认真对待所加的每一枪油、服务的每一位顾客，并注重观察总结，研究分析加油站客户群体和目标市场。在加油站工作期间，符寿注意到加油站虽然增设了免费自助洗车服务，但是大部分车主因为是首次接触自助洗车，对设备操作很陌生，要么不敢操作，要么需要花费很长时间来研究，导致客户体验感差强人意，增值服务失去了应有的价值。他洞察到洗车服务能为加油站引流客户，便向加油站经理主动请缨，承担起了加油站的洗车任务。通过洗车交流，拉近与客户的距离，了解他们的想法，按客户需求推荐商品和服务，成功为加油站吸引了大量客源，增加了非油收益。

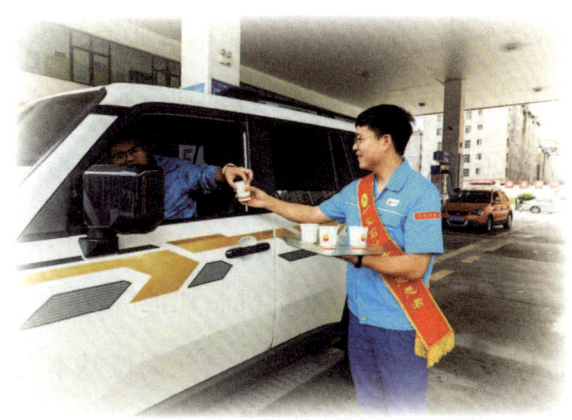

符寿在加油站认真服务每一位顾客

符寿为顾客介绍自助洗车服务

在投资质量安全部工程管理岗轮岗见习期间，符寿认真学习企业规章制度和工程建设规范标准，不断扩充成品油销售相关专业知识储备，运用较强的文字综合能力和计算机专业技术优势，为所在部门工作效率和水平的提高提供了技术支持。他注重团队合作，主动与他人沟通，在大水井LNG加气站项目现场验收会议中，他负责协调会场整体的衔接安排和服务保障工作，在内外部业务对接工作中培养其沟通协调能力，项目验收会议顺利召开，得到云南销售领导和部门人员的一致好评。

向下扎根，向上生长

导师是新入职员工成长成才路上不可或缺的重要角色，云南销售建立了新入职员工培养期内的"双导师"帮带机制，明确指定1名基层单位领导班子成员担任职业规划导师，动态跟踪新员工的工作、生活及个人成长。在不同轮岗锻炼阶段指定1名经验丰富的岗位导师为新员工传道授业解惑。学历、学识只是基础，必须立足实际、点滴积累，才能在工作中发挥作用。符寿充分运用"双导师"机制，虚心向岗位帮带师傅学习，坚持苦练基本功，学习掌握油品销售业务知识。在一次加油服务过程中，因车主忘拉手刹滑车，导致加油枪脱落，汽油喷洒外溢。面对突发事件，他沉着冷静，按照岗位师傅带他模拟演示过的处置流程，紧急按停加油机后，安抚劝离客户，妥善采取消防应急措施，迅速处置了突发事件。"双导师"帮带机制让他练就了扎实的基本功，在青年员工中崭露头角，在曲靖分公司青年岗位基本功大比武中，他获得第一名的优异成绩，入职不到1年就取得了初级职业技能等级证书。

困难重重，实干为先

云南销售聚焦主责主业，打破部门、上下、专业界限，注重从各专业、各领域培养人才，注重在重大项目、急难险重任务等复杂情况中历练人才，着力提升年轻人才的综合素质。曲靖会泽大水井扩建LNG加气站是云南销售首个利用关停加油站场地现状改造建设的LNG加气项目，是曲靖分公司清洁能源发展历程中的一个里程碑项目。符寿在投资质量安全部轮岗见习时，正值该项目建设验收的关键时期，为加快青年人才的锻炼成长，曲靖分公司安排符寿参与项目的建设、验收及投运推进工作，并承担相关报建备案资料的编制。这对于刚接触工程建设管理的他而言，是一个全新且陌生的领域，该项目是集团公司在云南地区第一个LNG加气项目，没有成熟的模板和经验可以借鉴。他充分利用互联网资源学习先进地区的经典案例，主动向系统内外专业线同事取经，结合学到的知识一遍一遍往返现场进行实地勘验。在申领燃气经营许可证和压力容器充装证过程中，编制完成符合实际的质量管理手册、双重预防机制和应急预案等专业资料，顺利通过地方政府部门验收并取证。由于当地未建设过同类加气站，相关部门对程序、政策不熟悉，审批流程不顺畅，符寿和团队成员积极探索好方法、好路子，逐个攻破关键点和难点，凭借着十二分的耐心和恒心与相关部门对接流程标准，沟通协调能力、抗压能力得到了全方位的历练。

符寿说："大水井加气站建设项目的推进具有很大的挑战性，作为一名刚入职的应届毕业生，曲靖分公司安排我负责这个项目，是对我的信任，让我在面对问题和解决问题的过程中得到磨炼，收获了成长。目前，大水井加气站日均销量 50 吨，获得了很好的经营效益，很荣幸为企业绿色转型发展贡献自己的力量。"

符寿扎根一线，始终保持着勤奋务实、积极进取的工作态度，以高度负责的精神、严谨细致的工作作风，珍惜每一次难能可贵的锻炼机会，从岗位倒班工作干起，勤学善思、敢于奋斗、目标明确、规划清晰，不断从他人的工作经验中汲取营养，在成长的道路上踏实前行，通过在干中学、在学中干，掌握了扎实的业务知识和专业技能，以出色的工作表现实现从初出茅庐大学生到自信满满优秀石油青年的角色转换，用实际行动书写着新时代石油青年的华丽篇章。由于个人表现突出，已被云南销售列为加油站后备经理储备培养。

从新人到标杆 逐梦之旅的成长华章

天津销售分公司

青苗之始

孙俊哲，男，2021年毕业于中北大学微电子科学与工程专业，大学本科学历，共青团员，入职后先后接受经历新员工理论培训，在天津销售分公司（以下简称天津销售）所属武清分公司逸仙园营业员岗实习、业务经营部轮岗见习，现在武清分公司津福加油站任前庭主管。获天津销售2022年度优秀实习生、2023年度优秀青年突击手，集团公司2023年度优秀青年突击手、2023年度优秀共青团员、2024年度优秀共青团员等荣誉，被评为销售企业加油站管理系统3.0项目最佳贡献内训师、优秀推广内训师。

孙俊哲加入天津销售后，便沐浴在"给平台、压担子、促成长"的人才培养理念之下，得益于天津销售完善的新员工培养体系，他从一名普通员工起步，在广阔的平台和历练机会中快速成长，取得了显著的工作业绩，赢得了同事和领导的赞誉，他的工作态度、专业技能和团队精神，使他在个人成长的道路上迈出了坚实的步伐，他的成长历程，体现出天津销售对青年人才的培养力度及重要作用。

初入职场,展现敬业与担当

天津销售高度重视新员工的成长与发展,为新员工搭建了广阔的发展平台,制定了系统且全面的新员工入职培训计划,涵盖理论学习、基层实习、岗位见习等多个方面,帮助新员工快速了解企业运作模式,融入企业大家庭。

入职以来,孙俊哲一直在政治理论知识和岗位业务技能的学习上持续加强,致力于提升自身的政治思想和专业素质,在基层工作岗位上,他始终以认真负责的态度履行本职工作,从日常运营管理到应对各类突发事件,无不展现出他的敬业精神和专业素养。

2022年年底,孙俊哲在逸仙园加油站实习期间,因疫情人手紧缺,武清分公司启动应急顶岗机制,孙俊哲积极响应组织号召,主动请缨加入24小时轮班,保障加油站正常运行。春节期间,孙俊哲主

孙俊哲在加油站热情服务客户

动留守岗位，承担起运营、安全与计量工作，展现了新员工的责任担当，在这个过程中，武清分公司领导时常关心他的工作和生活情况，给予鼓励和支持，让他感受到组织的温暖与力量。

深入业务，结合素质能力不断提升

随着工作的不断深入，孙俊哲对工作的热情愈发高涨。天津销售注重培养员工的客户服务意识和销售能力，通过组织各类培训和交流活动，激发员工的工作热情和创造力。孙俊哲不断提升自己的销售技能，积极协助站长处理站内相关事务，提出创新的营销方式和方法，在武清分公司的支持和鼓励下，他与团队成员共同努力，使逸仙园加油站成功突破万吨销售目标，充分展现了团队的凝聚力和战斗力。

遵循天津销售前瞻性人才培养布局和岗位见习制度，孙俊哲完成在逸仙园加油站的实习后，被派选至业务经营部见习锻炼，在"学业务、强协作、重实践"的工作理念指导下，他系统学习了零售、非油业务与客户服务知识，积极参与市场分析、月度经营材料编制等工作。一句口头禅"用不用我帮忙？"充分体现了他对学深悟透业务的渴望，武清分公司各个部门的工作，他都竭尽所能地提供帮助，在实践中使业务能力和综合素质得到显著提升。

天津销售高度重视青年员工在重点项目中的参与和成长，自销售企业加油站管理系统3.0项目试点工作开展以来，孙俊哲积极配合项目组及天津销售信息技术岗人员进行上线实施工作，做好现场系统操作教学，并配合处理常见问题，同时，得益于天津销售组织的内训师培训体系，成长为项目内训师，参与课件编写并在试点及全国推广培训中授课，他的努力和贡献得到了认可，其相关教学视频被纳入中油e学《销售公司加管3.0线上课程（2024版）（新版）》。2025年，又持续投入5.1.0版本的培训课件更新编辑。

天津销售积极搭建青年创新和技能提升平台，组建联量培训小队，深入各加油站进行政策宣贯和培训。2024年，孙俊哲加入联量培训小队，负责油品、非油品联量政策的宣贯解读、操作教学及安全手指口述培训。2025年，他作为核心成员参加集团公司人工智能创新应用大赛，参与设计研发的"加油站智能挖潜助手"荣获三等奖；为推广天津销售"超品汽油"品牌，他策划拍摄并剪辑多支创意宣传视频，助力产品市场推广。

孙俊哲在检查加油机

淬炼思想，靠前发挥模范带头作用

天津销售注重发挥团员的模范带头作用。作为团组织重点培养的青年骨干，孙俊哲积极参与团组织的各项活动，无论是志愿服务、扶贫帮困还是文化交流，都能看到他的身影，在2023年天津抗洪救灾行动中，他更是加入了天津销售转移安置工作小组，深入一线，配合当地政府顺利转移安置大黄堡镇赵庄村281名人员。孙俊哲始终保持着高度的责任感和使命感，经常与团员们交流思想，分享工作经验，为团组织的凝聚力和战斗力做出了积极贡献。

　　孙俊哲的工作业绩和先进事迹不仅充分展现了他作为一名基层员工的责任担当和奉献精神，也展现了天津销售人才强企工程与新员工培训体系结出的硕果，从基层一线压担子到多岗位轮训赋能，从参与重大项目历练到搭建创新实践平台，企业"给平台、压担子、促成长"的理念在其每一步成长中都提供了坚实的支撑和明确的方向，他的经历生动诠释了组织精心培养对青年员工能力提升和职业发展所发挥的重要作用，相信在天津销售的持续培养下，孙俊哲将与更多青年才俊一道，为企业高质量发展贡献更大力量。

不忘初心走好能源报国路
笃定前行谱写青春奋斗歌

甘肃销售分公司

青苗之始

杨旭攀，男，2022年毕业于东北电力大学动力工程及工程热物理专业，研究生学历，中共党员，现在甘肃销售分公司（以下简称甘肃销售）人力资源部绩效管理岗轮岗锻炼。自入职以来，先后在甘肃销售兰州分公司莫高综合能源站营业员岗、前庭主管岗，甘肃销售人力资源部绩效管理岗轮岗锻炼学习。荣获2024年中国石油第三届创新大赛油气销售专业二等奖、2024年中国创新方法大赛甘肃赛区一等奖及全国总决赛优胜奖、甘肃销售第五届新媒体内容创作大赛微电影作品二等奖等多项荣誉。

扎根一线锤炼，基础管理显身手

甘肃销售为加强新入职高校优秀人才培养，制定《新引进高校优秀人才双挂双培方案》，明确新入职高校大学生既挂职部门又挂职库站；既培养本部管理工作能力又培养一线库站操作技能。2022年9月，杨旭攀挂职进入甘肃销售兰州分公司示范样板站莫高综合能源站，培养一线库站操作技能。按照"导师制"培养要求，兰州分公司选派曾获集团公司先进个人的站经理张迪担任其实践导师。在师傅和同事的悉心指导下，他从最基础的营业员做起，点滴积累。加油服务、商品推销、设备巡检、账表记录……每项工作他都力求做到最好。白天苦练现场操作技能，夜晚研读《加油站操作员》教材和甘肃销售安全操作规范，3个月时间，他就熟练掌握了站内各项基础操作流程和服务标准。2023年7月，他经过不懈努力，成功考取了加油站高级工证书，并晋升为莫高站前庭主管，成为站经理的得力助手。担任前庭主管后，他严格落实岗位职责，认真组织现场服务和秩序维护，严谨操作油品接卸流程，一丝不苟开展设备设施巡查和基础账表记录。一本随身携带的工作笔记，密密麻麻记满了销售数据、设备运行关键参数和重要客户信息。他充分发挥党员先锋模范作用，主动承担急难险重任务，在多次迎接上级各类检查和"神秘顾客"暗访中表现优异，考核成绩名列甘肃销售前茅，为这座示范站的安全高效运行贡献了突出的青年力量。

杨旭攀在加油站工作

杨旭攀在担任前庭主管期间分配工作任务

专业岗位淬炼，绩效管理见真章

为全面提升青年人才的岗位实践能力，甘肃销售下发《"雏鹰"计划实施方案》，要求新员工通过两级本部部门轮岗实践、艰苦地区挂职锻炼、选派到管理先进的系统内外单位学习交流等方式来锤炼素质和能力。2024 年，杨旭攀在完成"库站锻炼"后，开启了绩效管理领域的轮岗实践。面对全新的专业领域和角色转换，他主动利用空闲时间研学国家、集团公司及甘肃销售相关薪酬绩效政策；虚心向部门领导和资深同事请教具体业务流程和操作要点；积极学习数据分析方法和应用工具，提升了工作能力和效率。在部门绩效骨干的帮助指导下，他参与《中国石油甘肃销售分公司油（气）站员工薪酬管理办法》的编制与修订工作，贡献了来自业务前线的见解和建议。他充分理论联系实际，通过参与甘肃销售绩效经理人专项培训习得的方法论，精准完成15家所属分公司、4家直属机构、9个本部部门、100余名中层领导人员的月度、年度考核结果计算、核对和发布工作；高质量完成甘肃销售领导人员及中层管理人员年度/任期经营业绩责任书、聘任协议等契约文本的制作、分发、签订及归档工作，并协助完成100余名中层领导人员2023年度及2021—2023年任期综合考评工作，得到部门领导和同事们的高度认可，彰显了扎实的管理执行能力。

创新实践赋能，攻坚创效展风采

2024年，在甘肃销售深入实施科技创新战略的驱动下，杨旭攀通过集中组织的系统性创新方法培训与项目实训，显著提升了技术攻关能力，经严格选拔，代表甘肃销售出征中国石油第三届创新大赛。比赛过程中，他将工作中发现的问题和理论知识相结合，深入探索实践领域的技术和管理创新点，参赛项目最终荣获中国石油销售专业赛二等奖。同年11月，他的参赛项目在中国创新方法大赛甘肃赛区获一等奖，并受邀代表甘肃省参加中国创新方法大赛全国总决赛，面对来自电力、铁路等多个领域的顶尖团队，充分展现了石油青年的智慧风采，最终荣获全国优胜奖。这些奖项是对他善于学习思考、勇于攻坚克难的最好肯定，也是对甘肃销售重视青年人才培养、激发创新活力的生动体现。

杨旭攀在中国创新方法大赛全国总决赛现场

从莫高加油站营业员到前庭主管，再到甘肃销售本部关绩效管理岗；从刻苦掌握油站操作技能到钻研绩效管理政策，再到在国家级创新平台为甘肃销售争得荣誉，杨旭攀始终以"苦干实干""三老四严"为核心的石油精神和"埋头苦干、能打硬仗、敢于突破、勇争一流"的甘肃销售精神为指引，用踏实的脚步丈量责任，以实干的精神书写担当，用创新的活力点亮未来，在平凡岗位上跑出了"加速度"。

青衿之志　履践致远

青海销售分公司

　　温馨，女，2020年毕业于布鲁内尔大学人力资源专业，硕士研究生学历，助理政工师。现在青海销售分公司（以下简称青海销售）所属海东分公司党委工作部党建宣传岗工作。自入职以来，先后在马坊加油站加油员岗，平安中心加油站加油员岗，海东分公司党委工作部综合岗、培训管理岗锻炼学习。获集团公司保密密码工作第六协作组"知密杯"保密知识竞赛一等奖（团队）、青海销售管理人员业务素质竞赛（组织人事专业）银牌，2023年"中国梦·劳动美——凝心铸魂跟党走团结奋斗新征程"青海省垣职工游泳比赛女子50米自由泳二等奖。

　　思想是行动的先导，作为一名预备党员，她定期向党支部书记递交思想汇报，及时跟进学习习近平总书记最新重要讲话精神，不断提高自身政治素养和思想觉悟。通过持续的理论学习和思想洗礼，她进一步坚定了理想信念，将个人的成长与党的要求紧密结合。除了参加党支部集中学习外，她还自己制定学习计划，每晚坚持自学，不断提高理论素养和业务水平。一方面，她坚持学习党的创新理论，增强讲政治的自觉性和坚定性；另一方面，她认真学习业务技能知识，自学《心理学》等书籍并在实践中灵活运用。

脚踏实地，以"奉献之墨"贡献青春力量

入职以来，温馨以"归零心态"投身基层，在加油站"大岗位"机制中完成从青涩到成熟的蜕变。作为站里最年轻的员工，她总是冲在最前面，抢着干脏活、累活，在站经理"传帮带"的引领下，将"大岗位"机制赋予的成长机遇转化为实战能力，白天在加油区提枪操作、便利店开口营销，夜晚参与设备巡检、库存盘点。"专业的技能和服务是站长传授给我的最大财富，她一直以严谨的态度管理着站内大小事务，无论是计量技巧、客户服务还是设备设施安全检查，都

温馨在加油站为车辆加油

以严格的标准要求自己。"她以站经理为榜样激励自己，遇到不熟悉、不擅长的领域，就花更多时间钻研学习；遇到没接触过的工作，就赶紧到现场跟着学，通过一对一结对，手把手培养，她围绕基础知识、营销技巧、油品知识、安全管理等方面提升技能，成长为一个能一人多岗、一人多能，独当一面的员工。

加油站作为服务窗口，尽管顾客的需求不一而足，但她永远记得站经理跟她说过的"30秒黄金期"，在察言观色中准确把握顾客的需求。当车辆进站时，她会迅速引车到位并表示欢迎，贴心询问后便开始加注油品。当发现有顾客拿着水杯下车时，她会迎上去询问道："您是需要热水吗，我来帮您接水吧！"有顾客需要扔垃圾时，她也会主动帮忙倾倒。细心、耐心、贴心、热心一直是她用心服务的宗旨。

2021年12月一个风雪交加的夜晚，中心站来了一辆小轿车，顾客说："我要跑长途需加满，但车子回油管堵塞加不进去油，容易溢油，要慢一点加。"她听后，拿起油枪目不转睛注视着加油口，不断地调整油枪速度，整个过程持续了将近15分钟。寒冬的深夜里手冻僵了，脸庞也冻得通红，顾客看到感动地说："谢谢你，这么冷的天真是辛苦你了"，而她却因为能帮到顾客而感到很满足，笑着说"您客气了，这是我们的工作，应该的，您赶夜路一定要注意安全"。

坚持初心，以"进取之剑"磨炼青春锋芒

2022年初，基于温馨的专业背景，海东分公司安排她进入党委工作部进行档案管理专项工作。面对新岗位的挑战，她没有退缩，而

是以饱满的热情和高度的责任感投入其中。第一次接触档案工作，时间紧任务重，她认真学习人事档案管理制度，对照相关要求，加班加点，在干中学、学中干。因为海东分公司的社聘员工分散在各片区各站点，上班时间又不统一，考虑到收集资料的过程中可能会造成个人信息泄露，她决定亲自跑片区跑站点逐一收集。她将缺失文件梳理归类，制定清单表格，有条不紊推进工作，按照青海销售"四查四提升"方案，历时3个月在规定期限内建档率达到100%，补充复印学历、专业技术资格证书、荣誉证书及身份证原件89份，补做工资登记表500余份，收集员工最近一次体检报告126份，补贴照片7份，补盖公章800余份……

青海销售优化员工职业发展路径，科学设定"经营管理、技能操作、专业技术"三大序列人才互联互通成长发展通道，建立各序列间的岗位对应关系和转换规则，帮助员工制定个人职业发展规划。入职3年，她通过轮岗熟悉了各部门各模块业务，从会议纪要撰写起步，逐步接触更高层次、更丰富的工作内容。她深知公文写作的重要性，利用业余时间深入学习党的创新理论文章和领导讲话，及时掌握海东分公司经营政策和发展方向，不断丰富知识储备、积累素材，在材料的反复修改、字斟句酌中，自己建立了"政策—业务—案例"三级素材库，实现从"融入者"到"贡献者"的蜕变。这种在工作中培养、以培养促价值的模式，让她在平凡岗位中逐步建立起与组织同频的价值认知。

心怀赤忱,以"奋斗之光"点燃青春火焰

2023年10月,集团公司在长庆油田举办保密密码工作第六协作组"知密杯"保密知识竞赛,这是员工释放潜力、展现自我的舞台,经过层层筛选,5名员工脱颖而出代表青海销售"出战",温馨便是其中一员。集中备战期间,青海销售不仅给予他们充分的支持与鼓励,更营造了良好的学习氛围。他们比脑力,拼时间,并肩作战,将一些易混、难记、绕口的知识点反复背诵,交叉检查每日学习成果。他们的学习资料上满是涂涂改改、写写画画的痕迹,由于反复背诵,纸上的字迹都被磨白了。正是凭借这种刻苦钻研、永不言弃的精神,青海销售代表队在竞赛中发挥出色,最终一举夺得保密知识竞赛一等奖的优异成绩。这次经历,不仅让她在专业领域收获了知识与荣誉,

温馨获"知密杯"保密知识竞赛一等奖

更让她深刻感受到组织培养的力量。

同年，青海销售为深入推进人才强企工程，进一步提升管理人员业务综合素质，开展管理人员业务素质竞赛。青海销售始终秉持树牢人才价值理念，将人才作为第一资源进行价值开发，把价值创造作为评价人才、激励人才、用好人才的关键指标和鲜明导向，此次竞赛便是这一理念的具体实践。温馨发挥前期备赛的拼劲，利用业余时间努力掌握专业知识，不断夯实业务功底，最终成功拿下银牌。回顾过往的几年经历，她感慨万千："这不仅仅是一份工作，更像是在一个大家庭里，有温暖、有历练、有感动、有成长。组织为我们提供了丰富的资源和广阔的平台，让我们有机会展现自己的才华，实现自我价值。"她逐渐明白个人与企业的关系，更像是一场双向奔赴的生命对话，是彼此成就的有机过程。

笃志前行，以"热爱之光"照亮青春征程

她不仅在个人兴趣领域绽放光彩，更将这份热爱融入工作与生活，在青海省垣职工游泳比赛中，她凭借出色的发挥，在女子50米自由泳项目中斩获二等奖，为青海销售赢得了荣誉。每年盛夏，青海销售作为环青海湖国际公路自行车赛的赞助商，承担油品保障任务。她连续2次担任油品供应小组成员，在圆满完成赛事用油保供工作的同时，配合领队做好各赛段的宣传报道，并充分发挥自身英语特长，向国外参赛队员介绍、推荐便利店的商品，不仅提升了非油业务销量，也向外国友人展示了Usmile便利店的便利与风采。她在不同领域充分展现自己的特长和热情，成为青海销售员工中的"多面手"。

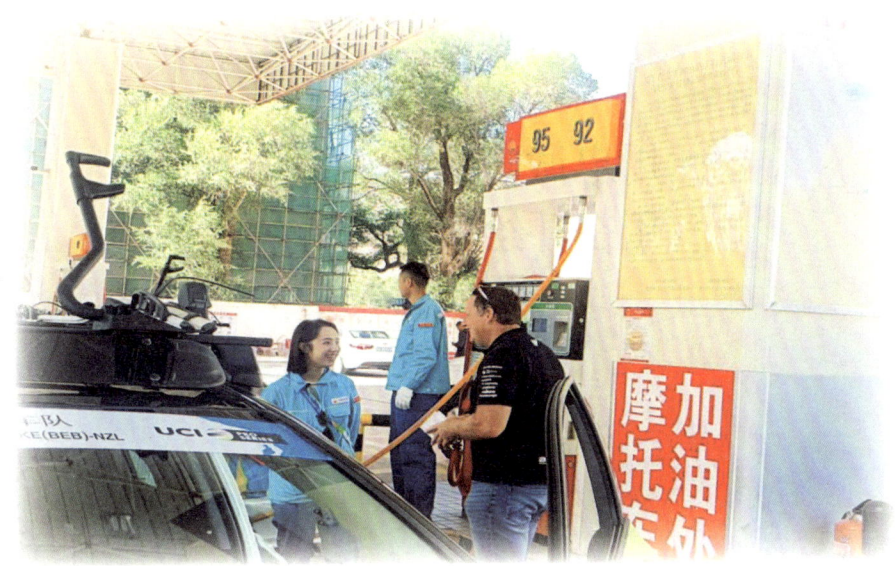

温馨担任油品供应小组成员

在组织的人才培养机制下,她从一名初出茅庐的新员工,逐步成长为能够独当一面的业务骨干。青海销售始终坚定不移树牢人才价值理念,将质量、效益、效率等关键要素视为人才发展的核心指引,全力打通价值创造、价值评价、价值分配的人力资源价值管理链条,为每一位员工搭建起一座通往梦想与成长的坚实桥梁。正是得益于这样广阔且充满机遇的平台,她在工作中不断解锁一个个"第一次"的全新体验,这些"第一次",如同璀璨星辰,点缀着她成长的轨迹,让她在不断尝试与探索中实现从量变到质变的华丽转身。她没有豪言壮语去宣扬自己的抱负,也没有惊天动地的事迹来彰显自己的功绩,有的只是日复一日、周而复始的坚持,在平凡的岗位上默默耕耘,用汗水与努力书写着属于自己的奋斗篇章。每一个脚步都坚定地向阳迈进,踏实而有力。

用忠诚赓续石油精神
用奋斗绘就青春底色

重庆销售分公司

青苗之始

王乙，女，2021年毕业于北京交通大学马克思主义理论专业，硕士研究生学历，中共党员，现在重庆销售分公司（以下简称重庆销售）渝中分公司综合办公室（党群工作部）党建、干部管理、纪检岗工作，同时任渝中分公司团委副书记，是重庆销售"青马工程"学员、张建劳模和工匠人才创新工作室成员。先后在联芳加油站营业员岗、黄花园加油站营业员岗、华岩左侧加油站前庭主管岗、渝中分公司人力资源部（党委组织部）、综合办公室（党群工作部）党建岗等岗位培训，2022年6月至2023年9月于重庆销售人力资源部（党委组织部）挂职，获评重庆销售优秀共产党员、优秀员工等荣誉称号。

重庆销售深入贯彻落实新时代党的组织路线和集团公司人才强企战略举措，牢固树立"人才是第一资源"理念，持续完善"生聚理用"人才发展机制，以培养适应企业战略发展需要的经营管理、专业技术、操作技能、营销经理人人才后备力量为目标，畅通新入职员工成长成才通道，为建设基业长青的一流综合性能源销售服务商提供人才保障和智力支撑。

接棒前行，传承石油精神

王乙第一次接触石油精神，是在小学课本《忆铁人》一文中。铁人王进喜用身体搅拌泥浆的画面，那时便深深印刻在她脑海里。入职初期，非石油院校出身的她对石油精神内涵的理解仍停留在文字层面。重庆销售"雏鹰圆梦"培养计划如同一套系统化的"精神培养基"：在"石油精神传承工作坊"中，她通过老党员口述史影像资料，看到渝销前辈在改革开放初期徒步丈量油站选址的足迹；在"青老结对"导师制中，她跟着全国劳动模范学习时，看到了20年前手写的客户服务笔记——这些具象化的载体，让抽象的精神理念转化为可触摸的成长坐标。当她主动申请到加油站一线轮岗时，重庆销售分公司为其配备的"双导师"（业务导师＋职业导师）成为关键"生长因子"。业务导师手把手传授"看油色、闻气味、听流速"的油品鉴别技巧，职业导师则在暴雨夜共同抢险后，指着王乙被油污浸透的工服说："这就是'宁肯少活二十年'的时代注脚。"在"青年突击队"攻坚活动中，她随队攻克某工业园区客户开发难题时，重庆销售提供的市场调研方法论培训与《党员先锋岗实践手册》形成了"理论＋实践"闭环。在企业"爱心宝石花进校园行动"中，她作为青年代表，以《铁人的故事》为题，讲述"人拉肩扛运钻机"的创业担当、"身体搅拌泥浆"的奉献精神。讲述间她领悟到：那些日常工作中寒来暑往的坚守、细致入微的服务，正是石油精神的当代践行。如同老一辈渝销石油人用拼搏铸就丰碑，新时代石油青年正以创新服务、岗位建功的方式，诠释着新时代石油精神的内涵。

王乙在"爱心宝石花进校园行动"中讲述铁人的故事

稳住身子，扎根成长之路

重庆销售开展的百名青年骨干挂职锻炼，为人才成长提供"立体培养皿"。在渝中分公司综合办公室（党群工作部）党建岗培训期间，她重点在夯基础提质量上下功夫，通过"项目制＋导师带教"模式，从撰写会议流程到统筹会务细节，系统掌握了党建工作的标准化流程；在推进基层党委换届工作中，组织提供的《换届工作操作手册》与党建数字化管理平台培训，让她在实践中同步提升材料审核与线上系统操作能力。进入重庆销售党委组织部挂职以来,她重点在推动改革重点任务落地见效上下功夫,参与修编《加油站经理人提升培训教材》时,参加"岗位能力素质模型构建"专题研修班,帮助其从单纯的资料整理者转变为能力标准的设计者。在推进经理层成员任期制和契约化管理过程中,通过国企改革政策解读会与薪酬绩效模拟沙盘,王乙在理论与实践相结合中理解了改革深层逻辑。这种"政策学习—方案设计—落地执行"的培养链条,帮助新员工在认知能力上实现质的飞跃。此外,在企业提供的"创新创效孵化基金""导师资源库",以及营销实战训练营、跨部门协作平台的支撑作用下,王乙组建了青年突击队并带领团队实现非油销售400余万元。

加固本心,充能历练之路

王乙深知基层党组织是党的战斗力的基础,做好基层党组织建设,对企业稳定与发展有着举足轻重的作用。她积极配合上级党委开展党建责任制考核和党支部达标晋级工作,到各片区、各党支部督促指导党建各项工作开展情况,送教到基层;严把发展党员"质量关",坚持成熟一个,发展一个,推动党员发展质量全面过硬;参与制定《党支部责任清单》《党支部书记责任清单》,细化明确支委成员分工和职责,把管党治党责任落实到基层党支部;精心设置党员活动室,以点带面,加强本部党支部建设,确保支部活动有场所、学习有阵地、工作有规范;将党员学习党的创新理论情况纳入党支部书记抓基层党建述职评议考核和年度考核。作为一名青年员工,她深刻体会两级本部政治站位、管理思维与战略布局,感受到工作的高标准、严要求与尽精微，她始终把公道正派、廉洁奉公作为人生信条，时刻用党员标准和各项检察纪律规范自己的言行。

王乙已从初入职场的"石油新兵"成长为能独当一面的青年骨干，当她在加油站送教时看到新入职员工眼中的光，便想起自己第一次独立完成油站盘点时的激动——那是组织培养传递的生命力，也是石油精神焕发的青春光彩。

争当"燃"系青年　书写石油篇章

湖南销售分公司

青苗之始

冯成，男，2022年毕业于中国石油大学（北京）计算机技术专业，硕士研究生学历，中共党员，现在湖南销售分公司（以下简称湖南销售）党群工作部企业文化与思想政治岗工作。自参加工作以来，先后在湖南销售衡阳分公司常宁服务区加油员岗、中心加油站综合管理岗，湖南销售岳阳分公司冷水铺实习站经理岗，湖南销售市场营销部大客户开发岗，湖南销售岳阳分公司综合办公室片区稽查岗等锻炼学习。这些岗位的历练，离不开湖南销售完善的组织培养体系，为其成长提供了多元且坚实的平台。

投身基层，燃信仰之光

早在读研阶段，冯成就在中国石油集团东方地球物理勘探有限责任公司实习工作1年，对集团公司的企业文化和石油精神有着信仰一般的认可。按照湖南销售"墩苗成长"培养计划，新入职员工需经历3个月加油员、3个月综合管理岗、3个月实习站经理，以及3个月机关主营业务的轮岗实习，加油站是销售企业的核心命脉，也是湖南销售为新入职员工锻炼才干、熟悉业务提供的"第一练兵场",冯成服从分配,积极投身衡阳分公司常宁服务区加油站工作。

基层岗位锻炼过程中,湖南销售充分给予新员工自主发挥、创新实践的空间,冯成在与客户直接接触的过程中,灵活运用所学,主动思考如何提高业务拓展能力。服务区上的长途货车在加注柴油时,加注时间长且无特殊情况不得脱枪加油,冯成凭借其外向、健谈的性格特点,很快便与这些货车司机熟络起来,推销非油商品和昆仑好客e站电子卡,成功从柴油客户中开发出汽油和非油客户。

考虑到高速服务区生活条件有限,衡阳分公司每逢各类文体活动便会邀请新入职员工参与,每当新员工情绪低落时,冯成便带头号召大家积极参加趣味运动会、红歌PK、安全知识竞赛等活动,"又是能量满满的一天"成了他的口头禅,他的乐观、积极感染着身边的每个人。

冯成在加油站现场与同事交流

湖南销售为每位新入职员工配备了职业发展导师和业务师傅，职业发展导师由分公司班子成员担任，业务师傅由片区经理担任，并要求他们定期下站考察新入职员工的培养进度和思想状态，每当工作和生活中遇到困惑，冯成便主动向导师们汇报思想、虚心求教，并能迅速调整好状态投入工作。

奋进昂扬，燃担当之志

疫情期间，湖南销售鼓励新入职员工，特别是党员以石油精神、大庆精神铁人精神为指引，挺身而出、担当重任。在衡阳中心加油站担任综合管理员期间，疫情肆虐，冯成主动承担起片区顶班工作，自觉投身疫情防控第一线，每当有站点因员工感染新冠人手不足时，冯成便挺身而出，接手这些站点的日常经营管理。在企业文化潜移默化的影响下，冯成用实际行动诠释着石油人的政治本色，让"甘愿为党和人民当一辈子老黄牛"、埋头苦干的无私奉献精神在销售企业中熠熠生辉。

2023年春节，冯成听说中心加油站经理已有3年未回家过年，便主动申请春节值班值守。除夕之夜，加油站外发生货车轮胎自燃事件，冯成第一时间冲到火灾现场，得益于之前湖南销售为新入职员工定期组织的应急预案演练，他能够迅速、冷静、准确地做出反应，带头参与灭火，并在确认没有复燃风险后才放心撤离。过年期间，加油站周边存在居民燃放烟花爆竹的情况，冯成便挨家挨户进行拜访，礼貌劝阻消除隐患。

脚踏实地，燃实干之风

2023年初，冯成调至岳阳分公司冷水铺加油站担任实习站经理。在新员工3个月实习站经理的培养过程中，湖南销售赋予其一定的建议权和决策权，支持他们充分发挥年轻人朝气蓬勃、思想先进的优势，根据实际情况和自身进行创新管理。初入冷水铺加油站，冯成便敏锐发现加油员排班存在缺陷，随后积极与员工沟通，结合加油站运营峰值曲线，拟写排班优化方案，在请示岳阳分公司领导后积极开展排班优化试点，取得了良好实效，员工休息时间多了，干劲也足了。

面对复杂多变的成品油市场形势，冯成心里清楚，要在营销战场上站稳脚跟，关键在客户。依托湖南销售搭建的青年员工交流平台，早在刚入职时期冯成就认识了一批优秀的年轻站经理，针对客户开发

冯成在加油站引导车辆

和维系，冯成边向几位万吨站点的站经理一一请教，边带领站内员工积极拜访周边小区、企事业单位。3个月内，成功开发岳阳市水利局、岳阳供水工程事务中心等企事业单位，首充金额均超过2万元；同时从周边小区、单位入手开展团办卡活动，场均办理团办卡达15张以上。短短3个月，冷水铺加油站油品日销量由7吨增长至9吨，仅冯成个人就发展汽油单位客户6家、汽油团办卡客户50余名、柴油批发客户2家。

永葆初心，燃奋进之姿

2023年5月，冯成以优异的理论和实操考核成绩结束了基层轮岗学习锻炼，进入湖南销售市场营销部大客户中心，主要负责大客户的开发与维系、战略合作协议的起草和拟定、数据的整理和汇总等工作。

市场营销部是销售企业的主营业务部门，也是进一步孵化统招新员工的重要摇篮。工作刚开始不久，冯成便遇到了难题，职业发展导师、市场营销部经理要求他起草一份大客户战略合作协议，习惯了基层工作的冯成一时间摸不着头脑，没有任何思路。于是秉持着打破砂锅问到底的精神，从财务、业务、非油、法规等专业线入手，一一请教各岗位骨干。湖南销售内部开放包容的学习氛围与协作机制，使得冯成在遇到困难时能够迅速获得各专业线同事的帮助，最终成功定稿。

2023年年底，为鼓励新入职员工全面发展，在不同岗位上发挥自身优势，在跨岗位学习中精准自身定位，湖南销售对部分新员工的岗位进行调整，冯成从业务部门回到岳阳分公司综合办公室，负责文秘、宣传、片区、党建、纪委等工作。恰逢岳阳分公司召开年度工作会，冯成请缨主笔岳阳分公司2023年行政工作报告，上到分公司班子，下到各加油站经理，一遍遍咨询调研，全面掌握分公司当年的业务运营及各项工作的落实情况，功夫不负有心人，其撰写的报告得到了岳阳分公司上下的高度认可，大家也注意到这位新人在文字材料工作上有一定的悟性。

在经过为期1年的跟踪考察和定向培育后，湖南销售决定充分发挥冯成在文字材料工作方面的特长，将他借调至党群工作部进一步培养，任企业文化与思想政治岗，肩负起湖南销售党委理论学习中心组学习、企业文化建设等重要工作。

2025年，结合现代化市场营销体系建设、市场营销攻坚等重点任务，湖南销售安排广大青年员工开展课题研究，到岗第一天，分管领导便交代了一项"课题"：如何提高湖南销售党委理论学习中心组学习的质量。依据前期工作积累的经验，冯成从两个方面开始入手：一是提升研讨材料质量，以领导的思想为导向，逐字逐句推敲材料。从初稿到终稿最多历经过12次修改，平均每篇研讨材料耗时都在5个工作日以上；二是丰富学习载体，冯成发挥自己在计算机技术领域的专业优势，多次与高校专家团队沟通，结合集团公司"数智石油"第五大战略需求制定专项学习课程，邀请高校教授开展人工智能上下联学专题讲座，推广人工智能与企业实际业务的结合路径。每当提到冯成的这些经历时，湖南销售领导总是笑着说道："公司就是要让你们新入职的员工像尝试飞翔的幼鸟，只有经过层层考验，才能涅槃蜕变成凤凰。"

2024年11月，湖南省直机关工委一行到湖南销售开展中心组学习巡听旁听，对湖南销售的学习质量给予充分肯定。12月，冯成撰写的研讨材料得到湖南销售主要领导的高度认可，首次将相关材料下发至各级分公司党委进行学习。

"志不求易者成，事不避难者进。"冯成始终将习近平总书记给石油学子们的谆谆教诲当作自己的座右铭。2年来，他经历诸多岗位锻炼，快速完成由学生向员工的转变，这些成绩离不开初生牛犊不怕虎、没有条件就努力创造条件的精神，更离不开湖南销售从基层锻炼、导师传帮带、跨部门协作、跟踪观察、发现长处到发挥专业优势等全方位、多层次的组织培养体系。道不可坐论，德不能空谈，冯成用自己的实际行动，为湖南销售广大青年员工树立了一面旗帜，"燃"出了别样青春，书写了一段属于自己的石油篇章。

脚踏实地扎根基层　仰望星空勇攀高峰

北京项目管理分公司

张静宇，男，2021年毕业于中国石油大学（北京）石油与天然气工程专业，硕士研究生学历，中共党员，现担任北京项目管理分公司（以下简称北京项目管理公司）兴油公司党委办公室业务主管。入职以来，参与了北京燃气天津南港LNG应急储备项目设计管理、中国石化广西LNG三期扩建项目设计管理与生产准备等重大工程实践。先后获得中国石油工程建设协会QC小组成果一等奖、二等奖各1次，于2022年、2023年、2024年连续获得兴油公司优秀新人、优秀青年、先进个人等称号。

北京项目管理公司聚焦集团公司"生聚理用"人才发展机制，高度重视员工技能培训、岗位历练、思想教育、职业规划，新员工"入职、培训、成才、晋升"全周期培养实践取得实效。坚持落实"业务+职业发展双导师"人才孵化机制，围绕"专业化培养、职业化发展"开展新入职员工"一人一档一策"跟踪培养，健全"技术+管理双通道"轮岗实践培养模式，完善网络培训课程平台及员工培训档案，形成了一套以岗位实践为核心的复合型人才培养方案。

张静宇于2021年7月加入北京项目管理公司，经集团公司及北京项目管理公司统一培训后，长期扎根工程建设项目一线，以工艺专业为基础，在实践中锤炼项目管理综合能力，精进专业技术水平，积累了扎实的基层经验，逐渐成为能够独当一面的优秀项目管理工作者。先后参加了全球最大薄膜罐基地北京燃气天津南港液化天然气接收站，以及中国石化广西液化天然气三期扩建项目设计管理，累计参与项目合同额近8000万元。此外，他紧密结合项目需求，深入参与LNG接收站生产技术准备工作，积累了丰富的LNG接收站项目管理经验。同时，张静宇还参与了北京项目管理公司《LNG接收站关键设备选型指导手册》课题研究，并在核心期刊发表论文1篇。

张静宇在中国石化广西液化天然气三期扩建项目建设现场巡查

初出茅庐，崭露锋芒

入职后，北京项目管理公司结合张静宇油气储运、石油与天然工程专业背景，安排其至兴油公司重点项目——北京燃气天津南港 LNG 项目 PMC 团队，担任设计管理工程师，并为其配备具有国内外设计经验的业务导师，进行专业技术培养。时值项目详细设计启动阶段，张静宇迅速完成身份转换，在业务导师引导下半个月内高效掌握项目初步设计及管理体系要求，坚持"以干促学、以学促干"，在实践中快速成长为独当一面的骨干。项目期间，他全面参与接收站工程、外电工程、绿化工程及装饰装修工程的设计文件审查、图纸验证与发放、设计变更审查、界面管理，以及采购、厂商技术文件审核等工作，高效推进 3D 模型审查、HAZOP 分析、SIL 分析等关键节点，并形成设计管理总结报告。同时，他还深度参与项目绿色建筑二星评定及争创国家优质工程金奖相关工作。在圆满完成天津南港 LNG 应急储备项目工程设计封图任务后，他奔赴了新的岗位。

扎根一线，勇担重任

在天津南港项目期间，张静宇围绕设计管理核心职责，积极学习采购、施工、计划、造价等 LNG 接收站建设全流程管理知识，系统性思维显著提升，为后续工作奠定了坚实基础。2022 年 9 月底，为进一步提升张静宇独立解决工程问题能力，在实践中硬化担当作为品格，北京项目管理公司组织他转战广西北海，作为生产准备部 PMC 设计管理负责人投身中国石化广西 LNG 三期建设。工作中，他主动为新项目设计管理建章立制，以专业先进理念为建设单位厘清思路，扎实履职。在广西期间，他充分发挥技术专长与南港 LNG 项目积累的丰富经验，协助建设单位高效完成用地规划许可、工程建设规划许可、消防设计审查等关键合规手续，为项目依法合规建设做出重要贡献。同时，他组织绘制全厂 PID 图，参与编制《LNG 接收站专业术语规范》及开发工艺流程课程，为项目提供全方位技术支持，也为自身积累了宝贵的 LNG 项目建设投产全过程经验。

转岗历练，格局跃升

2024 年，适逢北京项目管理公司所属兴油公司"三次创业"转型开局之年，兴油公司结合张静宇优秀基层工作表现，选定时机对他开展管理层级"轮岗锻炼"，安排至党委办公室历练提升。为期一年的本部工作，成为其业务能力精进与思想意识升华的关键阶段。在此期间，他深刻践行习近平总书记对中共中央办公厅工作"五个坚持"的要求精神，牢固树立"身在兵位，胸为帅谋"的大局观，围绕兴油公司全过程咨询转型核心任务，在政治理论学习、业务管理、以文辅政 3 方面全力服务大局。期间，他高效编制兴油公司月度会、党委会、专题会纪要 50 余篇，以文辅政能力显著提升，并在支持服务子集团举办的首届文字综合创新技能大赛中荣获优秀奖。通过督办工作，其沟通协调、矛盾分析、政治判断能力持续增强，逐步成为连接领导班子与基层、畅通部门协作的"桥梁纽带"。

信念如磐，红心向党

作为青年党员，北京项目管理公司在张静宇入职之初为其配备党群工作部高级业务主管作为职业发展导师，通过党建培养激发了他的基层党建管理才能。全党深入开展学习贯彻习近平新时代中国特色社会主义思想主题教育期间，他作为党支部学习委员，在学习组织、党群共建、联合党建等方面服务成效显著。他牵头梳理形成"主题月、专题周、学习日"学习机制，构建"支部书记—支部委员—学习小组组长—基层党员"层级化管理团队，打造"支委带动、党员共进、分组研讨、党群共建"的学习模式，形成了清晰的党建工作思路。

张静宇入职 4 年来，以 3 年基层深耕筑牢专业根基，全程参与重大 LNG 项目建设，在工艺技术创新与跨领域项目管理中锤炼实干本领，赢得建设单位高度认可；以一年兴油公司本部实践拓展全局视野，投身兴油公司改革攻坚与党建创新，实现从技术骨干向综合管理人才的跨越式成长。面向新征程，北京项目管理公司将继续围绕"一人一档一策"培养主线完善未来规划，助力张静宇在工程技术与管理实践领域深度融合发展，以复合型人才的担当，为创建世界一流项目管理公司贡献先锋力量。

科研一线

精准滴灌　多维赋能　引领科技青年向新求质

大庆油田有限责任公司

王浩南，男，2022年毕业于中国石油大学（北京）地质工程专业，硕士研究生学历，中共党员。现任大庆油田勘探开发研究院（以下简称研究院）川渝综合研究室副主任，主要从事页岩油实验分析技术研究，并分管科室科技、经营、人事、宣传等管理工作。入职以来获得大庆油田有限责任公司（以下简称大庆油田）优秀共青团员，研究院年度优秀员工、"三超"青年先锋提名奖等荣誉。

抓人才就是抓发展、谋人才就是谋未来。近年来，大庆油田党委深入贯彻落实习近平总书记关于科技创新人才队伍建设的重要指示批示精神，围绕集团公司人才强企工程，坚持以新员工基础培养三阶段工作为引领，构建"理论筑基—技能提升—实践淬炼"三位一体的青年人才培养体系，推出"压担子、搭台子、铺路子"培养组合拳，通过理论知识浇灌和"双导师"精准传帮带，并依托重大科研项目搭建实战平台，以多维管理历练拓宽职业发展路径，打破论资排辈传统束缚,为科技青年打造从"校园人"到"企业技术骨干"的加速成长通道。这套精准滴灌、多维赋能的培育体系,让王浩南等科技青年在川渝页岩油勘探等战略领域迅速崭露头角。

筑牢知识根基,从理论课堂到实践战场的蜕变之旅

王浩南在阅读资料

大庆油田党委组织部和研究院精心设计"理论+实践+精神"三维度的培养课程:既有习近平新时代中国特色社会主义思想的理论武装,又有油田形势、制度与前沿技术的专业解读,更有融入石油精神的沉浸式教育。王浩南在多期引路型培训中,展现出极强的学习转化能力,通过基础理论、论文专利撰写课程夯实学术功底,借助软件应用培训与典型案例剖析提升科研能力,更在巴山蜀水的野外勘察中,以"泥味""油味"浸染专业素养,凭借扎实表现、优秀成果获得组织高度认可。同时,通过参加各类党建、团建活动,深学党的理论,感悟石油精神,坚定奋斗信念。如今,王浩南将理论与实践熔铸于心,以"决战决胜川渝"的政治担当,在岗位上绽放青春力量。

精准滴灌赋能,"双导师制"下的技术突破之路

大庆油田党委组织部和研究院积极抓实"双导师制",助力青年员工加速成长成才步伐。结合王浩南个人专业特长，入职伊始他被分配到研究院川渝综合研究室，主要从事四川盆地侏罗系页岩领域的实验分析技术工作与综合地质研究。在"双导师制"加持下，仅用1年时间，他就从刚毕业的学生蜕变为业务骨干。2023年成为大庆油田科研项目"四川盆地凉高山组页岩油与准噶尔盆地吉木萨尔凹陷、玛湖凹陷对比研究"负责人，同时参与了股份公司科研项目及全国重点实验室基础课题研究工作，对仪陇—平昌井区重点井开展单井综合评价、主力层系分层对比、甜点评价等工作。他还从股份公司科研项目中开发出配套的原油微区分布量化分析软件，页岩岩相自动识别符合率超过80%，为突破四川贫油盆地传统束缚，发现前陆盆地控制下凉高山组多类型页岩油，展现含油连片场面，打开万亿立方米致密气领域新局面提供了技术支撑。入职以来，王浩南已发表SCI论文2篇、EI论文1篇、会议论文1篇，申报国家发明专利1件、软件著作权1项，参与制定行业标准1项，获大庆油田技术革新成果二等奖。这些成果不仅是其个人能力的体现，更是大庆油田"以项目育人才"培养理念的生动注脚。

多维历练成长，在管理实践中锻造复合型人才

大庆油田党委组织部和研究院坚持聚焦复合型人才培养，对于重点培养的青年人才大胆"蹲苗历练"，推动以学促干、以干促学的良性循环。王浩南到川渝综合研究室后，迅速找准自身定位——既要做技术尖兵，又要当管理能手。在承担繁重科研任务的同时，还肩负起成都勘探开发研究院的部分管理工作，主持完成成都勘探开发研究院

基本管理办法、发展战略、员工手册、发展规划实施方案等基本制度的编撰，为"新生机构"的制度管理体系化、规范化、标准化奠定了基础；全力保障川渝油气勘探开发创新联合体的成立，扎实有序推进文件起草、宣传设计等筹备工作，为成都勘探开发研究院的"高起点建院、高水平立院"做出了突出贡献；撰写的事迹材料、新闻稿件讲好大庆"川渝铁军"的故事，在国内外展现真实、立体、全面的大庆油田新"石油人"形象，推进了三超精神"川渝特质"的传播与宣扬。他还将成都勘探开发研究院的"选才有方向、育才有平台、留才有实招、用才有舞台"等人才培养新举措送上油田"展台"，并获首个大庆油田管理现代化创新优秀成果奖与创新优秀论文奖，成为"技术+管理"双优人才的典范。

王浩南担任讲解员，讲述大庆石油会战的辉煌历程

推动大庆油田从历史走向未来,青年是承上启下的中坚力量。大庆油田党委始终站在标杆旗帜薪火相传、百年油田后继有人的政治高度,关注青年思想,关心青年成长,关爱青年生活,为青年施展才华、人生出彩搭建平台。正如王浩南所说:"在大庆油田,每个青年都能找到与企业同频共振的奋斗坐标。"

如今,在大庆油田"百年油田"建设的新征程上,诸如王浩南等一批科技青年骨干正以"赶考人"的姿态,用一项项技术突破书写着新时代石油人的壮美答卷,而油田的青年人才培养体系,正源源不断地为这份答卷注入创新动能。未来,奋斗可期!

扬帆起航自奋楫　不负韶华更向前

长庆油田分公司

青苗之始

> 张园园，女，2021年毕业于西北大学矿产普查与勘探专业，博士研究生学历，中共党员，现为长庆油田分公司（以下简称长庆油田）勘探开发研究院气田开发三级工程师A岗，长庆油田复杂含水气藏效益开发创新团队核心成员，主要从事复杂致密气新区气藏评价与开发工作，重点攻关盆地西缘复杂含水气藏断裂体系特征及控藏作用研究。先后荣获集团公司青年岗位能手，长庆油田十大杰出青年、"启航新星"，勘探开发研究院优秀共产党员、青年科技之星、巾帼建功能手等多项荣誉称号。

岁月葳蕤，默默耕耘在鄂尔多斯盆地的长庆油田建设者们，足迹里镌刻着为油奉献的平凡答案，生命里沉淀着能源报国的坚定使命。近年来，长庆油田牢记习近平总书记的殷切嘱托，深入实施人才强企工程，一批潜心钻研、矢志耕耘的青年科技人才，在长庆油田高质量发展的新征程中，闪耀出不负韶华、奋楫拼搏的耀眼光芒，"90后"青年科技工作者张园园就是其中之一。

科研一线

张园园在开展研究工作

组织赋能成长，培沃土"育苗"固基

青年人才的成长离不开组织的关心和培养，长庆油田党委坚持党管人才、党管队伍，耕好育才"沃土"，倾心育才造士，为张园园等新入职员工构建了多元化科研人才培养体系。

依托新员工"123"成长计划（即第一年跟导师学业务理论、第二年到项目组实践锻炼、第三年择优担任重点课题长），结合张园园"天然气成藏富集规律与主控因素分析"的学术专长与博士人才的发展定位，制定个性化培养方案，创新实行"根据特长双向选择＋按照需求科学调配"的师带徒模式，由技术专家、党员骨干担任新入职员工导师，施行"导师指导成效＋学员成长进度"双向考核，确保师带徒培养措施落到实处。入职第二年，张园园因优异表现被推荐加入由长庆油田首席专家领衔的复杂致密含水气藏效益开发创新团队，作为项目的主研人员承担"青石峁气田成藏特征、主控因素及开发技术对策研究"课题研究任务，同年被评为长庆油田第一届"启航新星"，并作为新入职员工代表为2023年度新员工分享成长经验。

为持续加速青年成长，长庆油田党委多维度考虑人才成长背景、知识结构、研究方向等特点，科学设计培训计划，将传统"大水漫灌"式培训升级为"精准滴灌"，年均组织专业培训70余场，覆盖2600余人次，正是在这样的培训体系中，张园园听经验、学思路、深交流，将地震技术在页岩油勘探开发中的实践经验，引入多尺度断裂刻画与发育特征解析中，坚持驻扎一线，在陇东天然气现场技术支撑组奋战30余天，与测井、物探、钻井等专业技术人员开展一体化技术试验攻关，成功解决了隐蔽型断裂发育特征不明、断裂成因演化过程不清等问题，取得多项研究成果，连续在勘探开发研究院第一届博士论坛，第七届、第八届青年科技论坛中斩获优秀论文一等奖。

复杂新区破局，练内功"强基"蓄能

从本科到硕士再到博士，从中国石油大学（北京）保送至中国石油大学（华东）再到西北大学，经历三大高校的接续培养，张园园具备了扎实的地质理论基础和广阔的科研视野。彼时，复杂致密气新区尚处于评价初期阶段，井深层薄、小尺度断裂发育、钻井塌漏、压裂水窜等矛盾尤为突出，且尚无成熟经验借鉴，开发难度之大世界级罕见。

为解决这些问题，在长庆油田高级专家的带领下，张园园开始了自己的"强基计划"。午休时与下班后，捧着馒头翻资料、就着咸菜看剖面成为同事们眼中的常态。遇到疑惑处，若经自己思考仍不得其解，便主动向同事、专家、老师请教。短短 1 年时间，她密密麻麻写满了 5 本笔记，文献库中上千条检索记录，700 余篇下载量，500 余篇的精读量，373 页英文专著逐句翻译，629 页操作手册逐条执行，400 余次软件实操练习。

追风赶月未停留，平芜尽处是春山。她一直以笃行不息、认真负责、求真务实的工作作风充实自我、开拓创新。"学、思、问、悟、练"成为她快速适应全新评价工作模式的"金钥匙"，使她成功掌握了三维地震资料解释、地质建模等专业技能，有效补齐了气藏动态分析的技术短板，主持起草的科研报告分别获得宁夏石油石化学术交流会优秀科技论文评选活动一等奖、长庆油田第二届青年学术交流会一等奖。

边际储量攻关，带团队"聚力"创新

心中若能容丘壑，下笔方能汇山河，"如何将复杂致密气新区的边际储量拿出来"是她思考最多的问题。为快速推进新区基础地质研究，她先后参与和负责国家重大专项 1 项、集团公司技术攻关项目 2 项、长庆油田项目 4 项。作为集团公司"十四五"科技专项专题负责人、长庆油田"自由探索"科研项目课题长，她始终以"出手即出色"的高标准严格要求自己，在专家师傅的指导下，她带领团队直面挑战、突破技术空白，深耕新区复杂致密气藏富集规律与效益开发

研究。

为深化构造断裂发育特征与控藏作用研究，她充分发挥团队专业特长，经过对600余份相关成果调研、230口实钻资料分析、上百次地震剖面拉选与解释、331条断裂精细研判、263井次特殊测井解析、68口重点井解剖，系统深化了成藏地质要素研究，首次开展断裂封闭性评价及控藏作用解析，明确了断裂的双重控制作用，厘清了不同期次断裂的影响范围，有力支撑了避断裂轨迹优化与改造差异化设计。

为明确气水分布规律与成藏主控因素，她沉下心来，将200多口井的取心、分析测试等数以千计的庞杂资料条分缕析，逐步落实气水空间分布规律。经过与团队的不懈努力，首次明确了断缝带调整水的存在，完善了复杂断裂区地层水的分布模式与主控因素，突破了原有岩性单一控藏认识，为盆地近万亿立方米低品位地质储量动用提供了全新思路。

面对提高复杂致密气藏精细表征这一世界级技术难题，勘探开发研究院组建由博士领衔的高素质一体化创新团队，她主动请缨竞聘队长，在她的带领下，这支汇聚勘探与开发地质、物探与分析试验、钻井与压裂工程、建模与数智化4大领域8大专业的青年队伍，高频次思维碰撞、跨专业头脑风暴，首创了基于源储聚联控的"彩色气藏"分类评价新方法，创新构建了多源—全联结式"透明气藏"模型迭代与智能决策新模式，既实现甜点优选方法的迭代升级，又为气藏透明化表征开拓了全新思路。科研成果获集团公司第三届创新大赛油气和新能源专业比赛一等奖、总决赛三等奖，长庆油田科技进步奖二等奖、勘探开发研究院自主创新创效课题一等奖等，发表论文15篇，申报国家发明专利8件。

锚定未来方向，多平台"均衡"发展

"从单一到复合型全方位成长"是长庆油田的人才培养理念，也是张园园的成长目标。作为青年员工，她以青春奋斗的姿态在每一个岗位上深入学习、仔细钻研。分一套层、绘一幅图、跟踪一口井、做一次设计、分析一组数据、推进一项研究，日积月累的沉淀，成为她厚积薄发的基础。

她是追求卓越、精钻深研的青年科技工作者，也是在多领域发展、色彩斑斓的"多面手"，入职4年时间，便在生产、科研、党建

张园园在长庆油田2023年新员工入职第一课上作报告

张园园获评长庆油田十大杰出青年

等方面表现出不俗的潜力。身为一名共产党员，她坚持做石油精神的传播者，原创党课入选长庆油田党建丛书，并在油区完成多场巡回宣讲。作为技术骨干，她勇当跨界攻坚的践行者，以赛促学倒逼自己快速掌握气藏动态分析技能，并与地震、测井等多专业开展跨学科攻关。面对陇东、宁夏、榆林一线产能建设需求，她主动请缨赴现场技术支撑。工作之余，她也是终身学习的追光者，坚持油田文学作品创作，以文化力量反哺科技创新。

风雨多经志弥坚，关山初度路尤长。她小小身量，却笑容温婉、眼神坚定，敢于在科研难题与技术瓶颈前揭榜挂帅，勇于在竞技挑战与同台博弈时争锋亮剑，甘于在急难险重与荆棘满路时迎难而上，在担当中历练，在尽责中成长。她如花木，正在长庆油田建设世界一流大油气田的新征程中向下扎根，向阳生长。

乘风破浪争头渡　不待扬鞭自奋蹄

新疆油田分公司

青苗之始

戴丽娅，女，2021年毕业于天津大学化学工程专业，硕士研究生学历，中共党员，自入职以来，在新疆油田分公司（以下简称新疆油田）采油工艺研究院新能源研究所工程师岗位工作。获得新疆油田最佳新员工、优秀共青团员等4项个人荣誉，获得集团公司第二届创新大赛青年科技创意比赛三等奖等奖项4项。

在广袤的新疆戈壁上，年轻的工程师戴丽娅，正用智慧和汗水，书写着属于自己的"能源新篇"。2021年，从天津大学化学工程专业硕士毕业的她，响应习近平总书记"到西部去、到基层去、到祖国和人民最需要的地方去"号召，一头扎进了祖国西北的能源热土——新疆油田。

入门：组织以"双翼"助她启航

初到新疆油田时，面对戈壁荒原的陌生环境与油气开发的全新领域，戴丽娅心中曾掠过一丝对未知的忐忑。然而，组织的关怀如春风

化雨，迅速驱散了她的疏离感。入职伊始，精心组织的入职培训，恰似一把镌刻着新疆油田发展史的钥匙，不仅为她打开了了解新疆石油人奋斗史的时光之门，更让她在井场实训与文化讲堂中，触摸到"我为祖国献石油"的精神脉搏。最令她感到温暖的是，采油工艺研究院推行的"管理+业务双导师培养机制"，帮助她快速了解油田文化、熟悉业务流程、融入团队环境。同时，根据她的专业背景与发展潜力，采油工艺研究院"量身定制"个人培养方案，将其编入新能源技术研究攻关团队，该团队是油田绿色高质量发展的"最前沿"团队。组织为她搭建的舞台，让她的所学与国家"双碳"战略、油田的未来发展紧密相连。

闯关：从化学实验室到戈壁光伏场

从化学专业学子到新能源领域科研工作者，戴丽娅的跨界转型如同一场"二次高考"。当她踏入储能与氢能研究领域时，课本知识的储备在现实工作面前显得捉襟见肘，现场经验更是一片空白，但骨子里的韧劲让她迅速调整状态。采油工艺研究院浓厚的学习氛围和技术资料库成了她的"能量站"，办公桌与地面堆叠的中英文文献足有半人高。白天，她追着老师傅请教，把现场当课堂；晚上和生活碎片时间里，她一头扎进文献和专业设计软件的海洋里。"没有路，我们就自己闯出一条路来！"是她的口头禅。正是采油工艺研究院搭建的学习平台与导师们倾囊相授的"传帮带"机制，让她得以将年轻人的学习优势发挥到极致。短短时间内，她硬是啃下了多个光伏设计软件，从技术"新兵"蜕变成为采油工艺研究所光伏模拟计算的骨干力量。

入职未满1年，这位科研新人便捧回了新疆油田最佳新员工奖杯，奖杯折射的光里，映照着她在资料堆里昼夜攻坚的身影，也映照着新疆油田科研工作者的奋斗轨迹。

淬炼：啃下重点项目里的"硬骨头"

新疆油田锚定"双碳"目标加速绿色转型，为青年人才搭建起淬炼本领的舞台，以"放手用才"的魄力为年轻人压担子、搭梯子。刚转正不久，戴丽娅就扛起了《新疆油田公司碳达峰行动方案》规划及集团公司重点项目"清洁供能关键技术研究"申报材料编制的重任，这担子可不轻！为采集最鲜活、最可靠的一手数据，她主动请缨扎进盛夏的戈壁滩。近50摄氏度的高温炙烤着砾石遍地的荒野，她和团队连续半个月驻守现场，在烈日下精准测量每一组风光资源数据，翔

戴丽娅在记录设备工作状态

实记录每个项目参数。回到基地后，办公室的灯光常亮至凌晨以后。为提升数据处理效率，她利用休息时间自主开发 7 套关键计算模型，通过模块化设计让复杂运算实现高效化输出。当同事问她为何如此拼命时，她眼神坚定地说："要让每一组数据都要经得起推敲，让每一页方案都透出油田向绿而行的底气！"采油工艺研究院搭建的实战平台如催化剂般激活了她的潜能，经过数月攻坚，她承担的项目不仅成功立项，更斩获了新疆油田优秀方案殊荣，为油田新能源事业发展注入了强劲的科研动力。

突围：团队协作打通"关键一公里"

新疆油田始终坚持在实战中锤炼青年人才，在团队协作中锻造尖兵力量。在争取"新疆油田阿勒泰吉木乃县新能源项目"指标这场硬仗中，戴丽娅和团队遇到了新挑战——如何促成地方政府与企业的共识破局？她与团队成员对每一组数据进行多维度推演，力求方案臻于完善。然而，因理念与执行路径的差异，沟通一度陷入胶着状态。"新能源领域需要创新思维，我们必须打破固有模式！"戴丽娅以积极心态疏导团队成员，将单位支撑与团队合力化作攻坚底气。她主动优化沟通策略，凭借专业素养与诚恳态度搭建协作桥梁，先后 5 次深入当地开展实地考察与深度洽谈，每次均做足精细化准备。最终，凭借过硬的专业水准与协同作战的凝聚力，团队赢得了政府部门的高度认可，为新疆油田成功锁定 80 万千瓦风光发电指标奠定了坚实基础。在项目攻坚期间，她还深度参与了 20 多项新能源领域重大方案编制工作。依托新疆油田和采油工艺研究院提供的项目历练平台，她迅速成长为独当一面的技术骨干，为新疆油田新能源大基地建设提供了坚实支撑。

"奋斗是青春最亮丽的底色，行动是青年最有效的磨砺。"从初出茅庐的求知学子到独当一面的新能源科研骨干，她每一次成长蜕变的足迹，都深深汲取着新疆油田这片沃土的滋养。而她，则以"不待扬鞭自奋蹄"的自觉担当，将组织重托转化为奋勇前行的不竭动力，在戈壁荒原上，用智慧和汗水浇灌着绿色能源的希望之花，生动诠释了新时代石油青年在组织关怀下茁壮成长、建功立业的动人风采。

靶向施策精准发力　跑出西油高层次人才培养"加速度"

西南油气田分公司

青苗之始

　　董研，男，2022年毕业于中国科学技术大学流体力学专业，博士研究生学历。同年入职西南油气田分公司（以下简称西南油气田），目前在页岩气研究院从事页岩气储层改造工作。入职3年以来，董研主持2项西南油气田科研项目，参与集团公司科技专项2项、西南油气田科研项目5项，发表学术论文3篇（其中高水平SCI论文2篇），申请发明专利4件，申请软件著作权1项，参与编制行业标准2项；作为项目领衔人获集团公司第三届创新大赛工程技术组科技创新一等奖、中国创新方法大赛四川省一等奖、西南油气田采油气工程技术交流会二等奖；荣获2024年西南油气田先进工作者、2024年页岩气研究院劳动模范等荣誉称号，被评为高级工程师。

　　西南油气田深入贯彻实施集团公司人才强企工程，围绕加快"战略预备队"建设要求，创新组织实施"英才计划"，按照优中选优原

科研一线

则，在每届优秀毕业生中选拔 10 人纳入专项人才计划，充分利用现有管理体系、管理经验和管理队伍作为主要培养平台，以"拓宽方式复合培养、靶向施策精准培训、配套政策完善机制"的"一人一

董研获 2023 年创新方法大赛四川赛区一等奖

策"模式，探索出一条"精神铸魂、精准滴灌、实践赋能"的青年人才培养之路，跑出了人才培养的"加速度"。2022 届博士毕业生董研正是其中的受益者和佼佼者。

聚焦思想淬炼，强化使命担当，大力传承石油精神

为更好传承石油精神和大庆精神铁人精神，尽快实现从学生到企业员工的角色转变，西南油气田将优良传统教育、严谨作风培养学习作为新员工入职培训的"第一课"，将到基层、到一线学作风学技能作为新员工培养的"必修课"。董研 2022 年 7 月入职页岩气研究院后，被安排至自 221、自 214 平台进行为期 2 个月的驻场实习，亲身经历了异常高压导致难以有效加砂改造、套管变形防控及处置等技术难题的攻克，他和现场的工程师、工人们夜以继日，"一段一策"精细协同优化，直到现场复杂情况得以成功解决；他亲眼见到夏季突发暴雨时，一个个红色背影毫不犹豫地一头扎进倾盆大雨中进行管汇检修，以"苦干实干""三老四严"为核心的石油精神在那一刻在得到了最

生动的诠释和体现。从现场回来后，董研立即向所属党支部递交了入党申请书，他决心要成长为一名共产党员，更好地践行"能源报国"的使命。从上好"第一课"到完成"必修课"，西南油气田始终将思想引领放在新员工培养的第一位，促使新员工在基层、在一线"零距离"学习和感悟石油精神，在急难险重任务中"强筋壮骨"，牢记"我为祖国献石油"的初心和使命。

聚焦学以致用，强化定制培养，充分发挥专业特长

高层次人才学历高、专业性强、理论功底深厚是他们突出的特点，普适性、标准化的培养方案无法满足他们快速成长的需要。为充分发挥高层次人才的专业特长，西南油气田坚持靶向施策、因材施教的工作思路，积极探索个性化人才培养路径。针对董研本科至博士阶段主要从事力学相关基础研究、对油气勘探开发认知较为薄弱的现状，统筹制定个性化培养方案，安排业务能力强、研发经验丰富的科研人员担任导师，帮助他系统开展油气勘探开发相关专业基础知识学习，安排他到相关实验室学习、TFOC（试油压裂远程智能支持中心）值班、压裂现场驻守，担任平台长指挥现场施工、定期开展国内外高水平专业论文调研研讨等，不断增强其行业认知和专业融合能力。作为"英才计划"入选人员，结合董研专业背景，有针对性地安排他参加与长江大学联合举办的勘探开发前沿技术前瞻性技术培训、成都市"蓉漂人才荟"活动，赴武汉大学、中国地质大学开展专题交流与参观学习，有效拓宽了董研专业视野，强化了跨学科技术思维。见习期内，围绕页岩气压裂效果评价技术需求，董研在导师的指导下首次将所学专业的管流理论、有限元建模技术应用于页岩气压裂后评价技术攻关，创新提出基于水击效应的裂缝复杂程度评价方法，实现了理论研究与工程实践的初步融合与有效衔接。

董研在泸 203H153 平台仪表车指挥压裂施工

聚焦能力提升，强化实战历练，有效激发创新动能

为着力提升高学历员工科技创新、科技攻关能力，西南油气田压实"学中干""干中学"人才培养机制，采取"人才+项目""人才+现场"等方式聚焦实践历练，"压担子"促成长，力争通过1~3年的时间，努力培养一批"科学家+工程师""科学家+现场专家""科学家+发明家"的复合型人才。董研入职仅半年，就担任分公司级科技项目"泸州深层复杂应力及裂缝发育储层缝网压裂工艺研究与应用"项目经理；入职第2年，领衔"页岩气水平井套管变形防御技术"项目，带领团队斩获集团公司第三届创新大赛工程技术组科技创新一等奖、中国创新方法大赛四川省一等奖，董研的科技攻关创新能力、组织协调能力、团队协作能力得到了极大锻炼和提升。随着牵头、参与科研项目经验及能力的积累，董研着力发挥自己在力学、数学方面的专业优势，将基础理论深入融合科研项目开展科技创新及攻关，2024年带领团队创新形成双参数水击诊断压裂效果评价方法，弥补了川南页岩气基于水击效应压裂效果评价的技术空白，并通过算法封装成功开发双参数水击诊断软件，进一步实现"一键式"操作，在泸州、渝西、资阳等区块深层、超深层页岩气储层开展大规模现场测试，累计成功应用116井次，充分发挥"科研攻关—现场实施—迭代优化"一体化优势，为川南深层页岩气效益开发作出了积极贡献。

逐梦扶摇上　韶华赶日光

华北油田分公司

青苗之始

郭冰燕，女，2021年毕业于西南石油大学油气储运专业，硕士研究生学历。入职后，先于华北油田分公司（以下简称华北油田）二连分公司煤层气管理中心工程地质组任工程技术员，现就职于华北油田山西煤层气勘探开发分公司（以下简称山西煤层气）工程技术研究所技术集输工艺室集输工艺岗。郭冰燕在工作中展现出卓越的钻研精神与专业素养，成果斐然：发表1篇SCI论文与2篇中文核心论文，申请发明专利1件。她专注于煤层气地面集输工艺研究，编写方案15项，参与山西煤层气科研项目2项。凭借突出贡献，荣获华北油田优秀工程设计一等奖、"我为公司高质量发展献一策"二等奖，于青年英语大赛斩获佳绩，并获集团公司2023年度优秀共青团员荣誉称号。

人才是企业发展的核心动力，华北油田和山西煤层气始终将人才培养作为推动企业高质量发展的关键举措。围绕"生聚理用"人才发展机制，大力实施人才强企工程，将青年人才培养列为"一把手"工程，推出"四养"工程、"双导师"制度、轮岗见习、项目制攻关等一系列培养举措，构建起一套科学完善的青年人才培育体系，为像郭冰燕这样的青年员工搭建了从"职场新人"到"技术能手"的快速成长通道，让他们在广阔舞台上施展才华。

厚植成长沃土，从象牙塔到宝石花的蜕变之路

郭冰燕在查阅资料

为助力青年员工快速成长，华北油田精心打造全方位培养模式。创新实施"四养"工程，通过"回望创业路"等主题活动，用石油精神涵养青年员工的责任担当；建立阶段课题攻关机制，以路径融合培养他们的使命情怀；创新季度轮岗考核模式，借助岗位实践锻造其能力素养；构建"业务+人生"双催化模式，安排"双导师"助力青年员工提升德才修养。同时，推行"工程师+技师"的"双师型"人才培养机制，为青年员工配备经验丰富的导师，进行一对一指导，还提供参与项目制攻关、技术研讨会议等机会，让他们在实践中学习成长。

2021年8月，从西南石油大学油气储运专业硕士毕业的郭冰燕，怀揣着用所学知识服务家乡的梦想，加入了山西煤层气。恰逢山西煤层气"上产20亿"的关键时期，她在完善的人才培养体系下，开启了自己的成长之旅。

在轮岗实习期间，山西煤层气根据她的专业背景和发展潜力，安排经验丰富的技术专家担任她的导师，从工艺流程、设备运行到常见问题处理进行悉心指导。通过参加各类培训，她学习了煤层气相关知识和前沿技术。秉持"扎根一线、奋斗一线、学习一线、服务一线"的理念，在办公室与生产现场之间穿梭，她深入一线将理论知识与生产实际相结合，不断提升自己的专业技能和实践能力。通过参与技术研讨会议和项目制攻关，她的视野得到了拓宽，创新思维也得到了锻炼。凭借着优异的表现和扎实的专业功底，她被安排到工程技术研究所集输工艺岗工作，其成长成才得到了进一步广阔的平台。

立足岗位建功，在实践中绽放青春风采

攻坚克难，提升管网输送效率。随着系统运行压力的降低，粉煤灰、管网积液等问题影响采气管网输送效率。郭冰燕响应山西煤层气"项目制攻关"号召，参与粉煤灰前端治理项目。她深入

郭冰燕在绘制图件

一线摸清管网连接方式、分析煤粉成因，通过倒换流程精准定位高粉煤灰采气支线，经工艺、安全环保等多方面对比，确定"清水＋空气吹扫方式"，有效清除樊六集气站采气支线粉煤灰，解决站内过滤器压差增长过快问题，降低支线所辖单井管压，实现日增气量近1万立方米，为产量提升做出了积极贡献。

提质增效，优化集输系统运行。针对煤层气集输系统微正压运行导致压缩机组非设计点工况、低效高耗的问题，2023年郭冰燕参与有关科研项目，以"控压提效"为目标评价关键参数，在保障效率与安全的前提下，提出微正压集输界值运行建议，使老区典型站场集输系统效率提升16.8%、平均单耗降幅10.6%；同时提高往复式压缩机组运行负荷，实现单台机组效率提升18%，助力集输系统平稳高效运行。

技术创新，破解生产难题。针对湿气输送影响冬季采气管线输送效率的问题，郭冰燕聚焦痛点开展积液治理技术研究，明确新老井积液3项机理认识、划分2个成因阶段，抓住"温度"主控因素，通过新材料与新工艺结合研制井口积液治理装置，变管线后端"疏通"为井场前端"截断"，经现场试验使井组积液排放周期延长18天，保障集输管网冬季安全平稳运行。

参加工作两年半以来，郭冰燕在企业的培养下，凭借在工作中的出色表现，取得了丰硕的成果。她发表论文3篇，其中SCI论文1篇、中文核心2篇，申请发明专利1件，编写方案15项，参与山西煤层气科研项目2项，荣获华北油田优秀工程设计一等奖、"我为公司高质量发展献一策"二等奖，并在青年英语大赛中获得优异成绩，还获得了集团公司2023年度优秀共青团员荣誉称号。她提出的2项合理化建议创造经济效益405.12万元，为山西煤层气完成"上产20亿"，推进"上产30亿"做出了积极贡献。

郭冰燕的成长历程，是人才培养体系成功实践的生动体现。她将不断提升自身素养，充分发挥青年人的拼搏朝气和责任担当，在风雨中成长、在实践中建功，不负时代、不负韶华，为推动煤层气高质量发展贡献更多的青春力量。

深植厚壤固根基　发愤图强成栋梁

浙江油田分公司

  赵新胜，男，2021年毕业于中国地质大学（北京）矿产普查与勘探专业，硕士研究生学历，中共党员，现在浙江油田分公司（以下简称浙江油田）勘探开发研究院勘探所非常规油气岗位工作。自入职以来，先后在西南采气厂技术管理部动态分析岗、天然气勘探开发事业部钻井地质岗、勘探开发研究院非常规油气岗实习。入职以来获得浙江油田青年科技人才自主创新成果三等奖、第九届ECF能源技术创新奖、第一届"东方杯"青年GeoEast软件应用技能邀请赛个人二等奖等奖项，被评为勘探开发研究院先进科技工作者。

扎根基层练本领

  浙江油田构建"三维立体"新员工培养体系，以3年成长周期为框架，配套"双导师制"培养机制，为新入职员工铺设系统化成长路径。依托"基层轮岗+专项历练+项目攻坚"的培养模式，要求新员工深入采气厂、事业部、研究院等一线单位，在多岗位实践中夯实专业基础。同时，建立"思想导师+技术导师"双轨辅导机制，由

科研一线

赵新胜在生产一线

管理层领导把控职业方向，技术骨干传授实操技能，确保新员工在思想觉悟与业务能力上双向提升。在此培养体系下，他入职后严格遵循轮岗制度安排，先后在西南采气厂4个作业区、技术管理部、勘探开发事业部6个业务部门及勘探开发研究院一体化工作站等基层岗位实践。在钻井工程岗、地质导向岗等多岗位历练中，浙江油田配套开展的"岗位技能提升专项培训"和"疑难问题会诊机制"，为其提供技术指导与资源支持；动态分析岗工作期间，导师团队结合实际案例，开展"一对一"业务辅导，帮助他快速掌握工作技术和方法。当浙江油田推进大安1井区立体开发先导试验方案时，基于"青年人才揭榜挂帅"机制，他主动加入青年突击队。浙江油田通过"跨部门协同工作专班"搭建沟通桥梁，安排技术专家全程参与方案编制，为其提供技术支撑；在一线跟踪支持阶段，浙江油田启动"重点项目保障机制"，保障物资调配与技术对接，助力他在项目中快速成长，如今已能在多个岗位独当一面。

攻坚克难显担当

在浙江油田的统筹规划与战略培养布局下，基于其基层实践积累的综合能力，他被定向选派至勘探开发研究院非常规团队，正式投身页岩油气勘探部署核心业务，推动专业能力的纵深发展。期间，他立足工作需求和个人发展，自我检视，发掘不足，主动承担空缺业务。新目标新阶段下，非常规油气勘探评价也面临新形势新挑战，矿区分散、资源类型多、技术人员缺乏等问题日益突出，原有的岗位内容不足以支撑当前的科研和生产，亟须引进新技术、新方法，进一步巩固勘探开发一体化、地质工程一体化，实现提质增效。建设数字化油田能够有效地解决这一问题。在导师的建议和指引下，他以党员先锋队队员的身份加入大安页岩气田数字孪生工程项目组，联合其他几位年轻同事共同承担起建设大安透明页岩气藏的重任。他积极对接物探、储层评价等业务部门，认真梳理现有工作需求，精简工作流程，并潜心学习一体化建模技术，协助建设一体化协同研究平台，切实推动了浙江油田的数字化改革进程。以往的页岩气的甜点优选和井位部署工作需要 GeoEast、GeoMap、ResForm 等多个专业软件来回切换，通过建立三维地质模型实现多人在一个软件内的协同工作，工作效率提升显著。入职以来，他完成 6 个平台 20 多口井的井位部署及钻井地质设计，实现探评井成功率 100%，参与多个先导试验方案的编制和实施,为大安页岩气的滚动勘探开发和增储上产贡献了青年力量。

依托浙江油田对人才成长路径的科学设计,以及个人能力与企业战略需求精准匹配的培养逻辑,赵新胜在专业领域实现跨越式成长——从基层实践到核心技术攻坚,逐步蜕变为企业增储上产的骨干力量。

锐意进取当栋梁

浙江油田围绕青年人才成长需求,构建起"理论学习+实践锻炼+创新激励"模式。针对新入职青年,推行"青苗护航计划",在实践锻炼层面,建立"多岗位轮转+重点项目攻坚"机制,配套设立"青年创新工作室",为参与技术攻关、课题研究的青年团队提供专项经费、设备资源与专家指导;推出"金点子"奖励制度,对提出创新性解决方案的青年员工给予表彰与奖励。此外,还搭建"青年人才库",通过动态评估与选拔,将表现优异的青年纳入重点培养名单,优先提供深造学习、学术交流机会。作为青年科研骨干,他积极响应号召,主动投身页岩气勘探开发前沿领域。当大安区块临江向斜成为油气上产主力区域后,他主动申请参与板桥向斜的研究工作。在专家指导和同事协助下,其部署的大安3H井构造型页岩气藏获得高产,不仅落实了有利开发区,也为下步增储上产奠定了坚实基础。此外,他还参与区内第一口钻探五峰组地层的探井大安6H的部署及全链条跟踪工作,该井压裂试气已取得突破,并有望在大安区块开辟页岩气开发新层系,实现页岩气资源的整体动用。在浙江油田完善的培养体系与资源支持下,赵新胜在页岩气勘探开发领域不断取得突破,逐步成长为能够独当一面的青年科研领军人才。

赵新胜没有什么豪言壮语，面对取得的成绩，他笑着说没有组织的培养就没有现在的成绩，这本来就是我应该做的。他在平凡的岗位干出不平凡的业绩，用行动践行了青年人的奋斗与担当。未来他将牢记实现"三个领先"，争当页岩气革命"尖兵"，全身心投入到油气勘探开发精细研究及技术支撑工作中，积极为浙江油田高质量发展建功立业。

以石油科研青年之名　筑页岩气科技自强之梦

勘探开发研究院

刘钰洋，男，2020年毕业于北京大学地质学（石油地质学）专业，博士研究生学历，中共党员，现为勘探开发研究院（以下简称勘探院）非常规研究所高级工程师，主要从事非常规天然气地质—工程一体化研究及开发方案编制工作。自入职以来，先后在勘探院博士后流动站、四川盆地研究中心、技术培训中心等锻炼学习。获集团公司青年科技创意比赛（勘探开发赛道）一等奖，勘探院"青年十大科技进展"、青年岗位能手、基础研究一等奖、科技进步奖二等奖等荣誉，也是勘探院首批"青年科技创新工作室"负责人。

勘探院依据人才成长规律和新入职员工自身特点，分专业开展定制化培养，分步实施入院教育与职业生涯规划培养、油田现场实践锻炼、"师带徒"培养等专题培训，构建新员工对自我角色、石油行业及上游领域各专业的清晰认知，全方位感悟石油精神，增强职业认同，提升专业能力。自入职以来，刘钰洋便积极投身油气基础科研和生产实践，"穷理以致其知，反躬以践其实"，知行合一、以知促行、以行求知。作为一名主攻页岩气、煤层气的"非常规天然气"科研工作者,刘钰洋先后承担和参与了14个科研项目,其中包括集团公司基础科研项目6项和油田生产实践项目8项,担任项目长2项、专题长6项、任务长1项,科研成果丰富。

刻苦钻研生产,扎根科研一线

在新员工培训中,勘探院鼓励新员工走出实验室,到油田现场实践锻炼,也鼓励新员工"走进实验室,亲身感科研"。地应力场的空间预测是页岩气开发方案的关键部分,长期囿于理论和算法的限制,技术方法一直处于空白。面对挑战,他主动请缨,承担了地应力核心算法研发和多个地区页岩气开发方案中的地应力模拟与空间表征的工

刘钰洋在华北油田分享页岩页岩气地质—工程一体化开发优化方案

作。刘钰洋长期驻扎在油田一线，充分了解油田"急难愁盼"的问题，真正了解现场对地应力的需求、痛点与难点。依托国家能源页岩气研发（实验）中心和集团公司煤岩气重点实验室进行实验开发，在历经了一次次的尝试，一遍遍调整与优化后，他自主研发地应力模拟3项核心算法，形成具有自主知识产权的地应力模拟技术，研发模拟软件，模拟精度大幅提升，实现三维地应力模拟精度千米级至十米级的跃升，也因此获得勘探院"青年十大科技进展"奖项。

在"知"中促"行"，在"行"中求"知"

在基础研究和油田实践中，刘钰洋把"知"与"行"有机结合，将所学、所感、所悟的知识和技能整理、归纳，并形成了多项具有实际应用价值的成果，在成果服务于油田生产过程中，又继续发现问题、深入思考，总结事物之理。2年以来，他多次往返油气田现场，靠前支撑，工作成绩满满。"师带徒"不仅是培养新员工、提高员工能力的重要手段，更是传承企业文化、培养职业精神的重要途径。在业务导师和思想导师的帮助和支持下，刘钰洋完成西南油气田、浙江油田、川庆钻探、长城钻探、吉林油田、煤层气公司等多个地区页岩气、煤层气建产区三维地质—工程一体化模型的建立，支撑了昭通、渝西、泸州、威远等9项开发方案编制工作。发表论文8篇，其中SCI/EI收录论文5篇；合作出版专著4部，获授权发明专利1件。目前，仍有3件发明专利和8项软件著作权正在申请。

建立创新工作室，澎湃发展新引擎

与北美地区相比，中国页岩气的勘探开发面临许多前所未有的困难与挑战，深层页岩气开发面临地应力复杂、天然裂缝预测难度大、开发技术政策不适应等多项关键问题。页岩气地质—工程一体化涉及多个学科专业，技术方法被国外垄断。为充分发挥青年创新精神，勘探院鼓励青年建立创新工作室，乘着此阵东风，刘钰洋充分发挥自身多学科交叉的优势，在院各级部门的支持下，他领衔成立"非常规天然气地质—工程一体化"青年创新工作室，经过1年多的攻关研究，逐步建立起页岩气地质—工程一体化开发优化工作流程。通过改进三维属性建模及岩石力学参数建模算法，创新建立地应力模拟、天然裂缝预测、甜点评价方法，集成压裂模拟、缝网表征、气藏数值模拟及开发指标预测等关键技术，形成全三维页岩气地质—工程一体化开发优化方法，成功破题，研究成果也得到了国内外多位院士、专家的认可，他作为第一完成人，获得勘探院科技进步奖二等奖。在实践与认识的螺旋式上升过程中，他不断增强本领，提升自我水平。

不忘初心，青春朝气永在；志在千秋，百年仍是少年。

习近平总书记指出："青年强，则国家强。当代中国青年生逢其时，施展才干的舞台无比广阔，实现梦想的前景无比光明"。生逢新时代，作为一名"非常规油气"的青年科研工作者，刘钰洋以实干实绩实效践行集团公司对青年科研工作人员的要求，以昂扬的姿态、更加饱满的热情，厚植深耕，接续前行，为集团公司和国家页岩气发展中贡献自己青春力量。

扬青春之朝气　奏炼化之华章

广西石化分公司

青苗之始

> 罗唯，女，2024年毕业于天津大学化工学院工业催化专业，博士研究生学历，中共党员，现在广西石化分公司（以下简称广西石化）规划和科技信息部工作。自入职以来，先后在广西石化PTM4丁苯橡胶装置、兰州化工研究中心橡胶所、兰州石化橡胶运行部、广西石化规划和科技信息部等轮岗锻炼，并取得工程师职称。

业精于勤，做笃行不怠的"奋进者"

广西石化高度重视人才培养，将人才视为企业发展的重要支撑和核心竞争力，着眼育人才、强队伍、增活力、强企业，为新员工提供了全面的培训机会。针对博士高层次人才，定制了"3个月操作工+6个月技术员+3个月本部职能部门"的轮岗计划表，根据所学将其安排到专业相关装置和职能部门轮岗实习。同时，大力推行"师带徒"，采用"双导师"制，从经验丰富的二级工程师中选拔业务导师，邀请企业首席专家担任思想导师，提供一对一的精准指导。转正定岗后，分别从技能、技术、管理3个序列设计明确职业发展阶段和职称晋升

罗唯在橡胶运行部实习

路线，使员工可根据自身兴趣与能力，在三大序列之间灵活转换，实现多元发展。罗唯及时抓住机会，在2024年11月参加职称评定，并获得工程师职称；参加危险化学品安全作业——聚合工艺作业培训，并考取证书。

"知之愈明，则行之愈笃；行之愈笃，则知之愈益明"。广西石化爱人才、惜人才，为使员工得到长远而稳固的发展，鼓励并要求新入职员工到基层锻炼。在所有新员工前往独山子实习基地实习之际，兰州化工研究中心的橡胶试验任务突然面临紧急推进的需求。为确保任务顺利开展，广西石化与PMT4迅速调整人才培养计划，安排罗唯带着2名硕士和2名本科生组成一支经验丰富的小分队前往兰州，全力参与试验推进工作，为项目的顺利实施提供有力支持。

2024年8月至11月，罗唯在兰州化工研究中心橡胶所，全身心投入溶聚丁苯橡胶小试及中试试验的推进工作中，在原料与助剂碰撞的耀眼火花中感受橡胶平凡到非凡的蜕变之旅。鉴于兰州实习基地临时成立，5名新员工对当地环境和工作流程较为陌生，PMT4特别安排1名一级工程师带队前往，帮助他们快速熟悉兰州的工作环境、适应工作节奏，确保实习任务顺利开展。

2024年11月，为了促进广西石化橡胶装置开工后尽快上量销售，兰州化工研究中心协同广西石化组成调研团队共同前往溶聚丁苯橡胶下游重点用户——赛轮集团股份有限公司与山东华盛橡胶有限公司进行溶聚丁苯橡胶产品推广和技术交流。面对难得一遇的轮胎企业调研机会，罗唯向部门主动请缨前往山东，深入参观并学习橡胶下游加工的全流程。在这次实地考察中，她不仅深入了解了橡胶加工的前沿技术和工艺细节，还与青岛科技大学的教授们进行了深入交流，收获颇丰。她将这些宝贵的经验和知识带回企业，为优化企业内部橡胶加工流程、提升产品质量提供了新的思路和方法。

在兰州实习期间，罗唯潜心钻研培训手册、操作规程、PID流程图等资料，夯实基础知识；远程学习工程师讲课和参加独山子实习基地的阶段性考试与答辩，以考核促提升；虚心向经验丰富的师傅和研究人员请教，巩固技能本领；积极查阅、整理官能化溶聚丁苯橡胶资料，为论文撰写与专利申请做足准备，充实知识储备。"纸上得来终觉浅，绝知此事要躬行。"11月至12月，她前往兰州石化橡胶运行部深入装置一线倒班，从工艺原理到操作流程感受乳聚丁苯橡胶与溶聚丁苯橡胶的异同，积累宝贵的现场经验，为后续工作筑牢实践根基。

罗唯在中控室指挥生产

在半年的基层历练中,罗唯始终扎根一线,心怀壮志,全身心投入基层工作。从实验室到生产装置的跨越,让她对化工领域的认知更加深刻,基层工作技能显著提升。凭借扎实的努力,她在多次考核中斩获佳绩,于平凡岗位上绽放出独特光彩。

爱岗敬业,做砥砺深耕的"前行者"

广西石化人力资源部高度重视人才的全面发展,时刻关心储备人才的思想动态与工作进展。在实习基地即将迁移的关键节点,人力资源部迅速组织专人前往兰州,实地关心问候储备人才,协助完成基地迁移工作,确保实习基地的平稳过渡与正常运转,为人才的持续成长提供坚实的保障。

在校园招聘的关键时期,人力资源部积极为储备人才创造宝贵锻炼机会,让他们登上工作舞台,与兄弟单位的同行开展深入学习交流，汲取丰富经验。2024年10月，罗唯根据广西石化安排，前往其母校天津大学参与校园招聘活动。在天津大学的校园招聘现场，罗唯凭借自身在广西石化积累的丰富经验，为即将毕业的学子们分享职场心得与求职建议，用自己的亲身经历为他们指引方向。同时，她还与兄弟单位的同事们深入交流工作经验，互相学习、共同进步。此次机会不仅为她提供了展示自我风采、锻炼综合能力的平台，还助力她进一步提升沟通技巧与组织协调能力。

除了注重提升青年员工的专业技能，广西石化还着力发掘其管理与领导潜力，助力青年人才在专业与管理双轨道上均衡发展。在新员工培训期间，罗唯参与选举并当选临时班长，她以身作则，率先垂范，为新员工树立了良好的榜样。带班期间，她秉持"多层通知不遗忘，网格管理不混乱"的理念，将通知精准传达至每一位同事。她倡导"友谊第一，比赛第二；享受过程，接受结果"的心态，激励班级成员积极面对困难，分享喜悦。她充分认可同事们的长处，凝聚团队形成磅礴合力，又创造机会，让大家独当一面。担任班长的经历，让她的责任意识与大局观得到提升，领导组织能力得到锻炼，解决问题方法得到增强。

广西石化为帮助储备人才快速成长，不拘泥于既定的培养方案，敢于突破固化的培养模式，根据业务发展的实际需求，灵活调整培养路径，旨在提供丰富且多元的业务接触机会，助力他们全方位提升能力，加速融入企业核心业务体系。面对大集中ERP建设的上线要求，广西石化快速决策，安排罗唯提前加入本部部门，全力参与大集中

ERP 建设工作，确保项目按时推进并高质量完成。

2025 年 1 月，罗唯提前结束兰州石化橡胶运行部的倒班工作，返回规划和科技信息部协助大集中 ERP 建设，砥砺深耕，负重而行。规划和科技信息部关心理解青年员工的困难，让优秀的前辈传授经验，带领罗唯参加"十五五"规划、贸易型炼厂、新材料、生产计划、生产统计、数字化转型等相关会议，帮助她快速熟悉企业业务和部门工作内容。在部门领导和同事的帮助下，罗唯在兰州参与昆仑 MES 生产统计应用集中办公期间独立完成 29 套主体装置和 63 套中间物料流程图的绘制和公式配置工作；参与数字化转型项目中计划调度协同应用的验收；参与撰写《广西石化分公司世界一流企业创建实施方案（2025 年）》新材料模块内容；参与撰写《广西石化"十五五"土地利用规划》；独立完成广西石化大门编号的规范编制工作，目前方案已经通过，进入具体落实阶段。

返回广西石化本部的半年时间，在企业和部门的关怀和培养下，她快速适应了规划和科技信息部的快节奏，提升了独立工作的能力，展现出更具活力的精神面貌。

对党忠诚，做立场坚定的"先锋者"

广西石化党委关注青年员工的思想动态，注重对青年党员的思想引领。作为青年党员，罗唯始终坚持"我是党员我带头"的觉悟，坚守党员的先进性。她将入党的荣誉转化为奋斗的使命，确保在艰难的岗位上有党员的身影。她继承艰苦奋斗的优良传统，面对工作中的挑战，敢于担当，勇于攻坚克难，不断探索突破与创新的方法。

入职以来，罗唯积极参与广西石化党组织的建设和活动组织，在企业主页上发表5篇宣传稿件，传播着党的声音和政策；参加PMT4党支部"党旗飘扬聚合力　赋能项目促发展"征文比赛并获奖，大力弘扬企业文化。她以实际行动践行对党忠诚，认真学习习近平新时代中国特色社会主义思想，深入贯彻习近平总书记关于青年工作的重要指示，扎实领会"第一议题"，踊跃参与党建活动，切实增强"四个意识"、坚定"四个自信"、做到"两个维护"。她积极投身志愿服务，将理论学习与实际行动紧密结合，努力践行"学习新思想，争做新青年"的理念，以实际行动诠释新时代青年的责任与担当。

追光而遇，不忘初心，砥砺前行。她目光坚毅，步伐稳健，向着时代的召唤阔步前行，踏上逐梦的漫漫征途，将青春热血注入炼化一体化转型升级项目的启航，融入"志存高远　志创一流"的宏伟蓝图，以实际行动为广西石化高质量发展站排头贡献青春力量。

铸牢石油梦　青春矢志行　书写逐梦前行的开篇

中石油克拉玛依石化有限责任公司

青苗之始

董建蓉，女，2023年毕业于武汉科技大学化学工程与技术专业，硕士研究生学历，中共党员，现在中石油克拉玛依石化有限责任公司（以下简称克拉玛依石化）研究院工艺研发技术组科研岗位工作。自入职以来，先后在克拉玛依石化炼油一部技术和操作岗、炼油三部技术和操作岗、研究院工艺研发技术组加氢操作岗和原油评价与化验技术组化验分析岗实习。2024年获集团公司第三届创新大赛炼化与新材料专业创意比赛三等奖。

青春不怕远征难，既然选择了远方，便只顾风雨兼程。

习近平总书记说，"梦想从学习开始，事业靠本领成就"。董建蓉始终坚信，踏实走好当下每一步，方能到达向往的远方。幸福是奋斗出来的，奋斗的青春闪耀着独一无二的光芒。

从校园到戈壁的跨越

2025年夏至，克拉玛依石化研究院的一间实验室内，25岁的董建蓉正全神贯注地调试着一台精密仪器。她身着蓝色工服，手指在键盘上快速敲击，屏幕上跳动的数据曲线映照着她专注的目光。谁能想到，这位沉稳干练的科研骨干，2年前还是一名刚走出校园的硕士研究生。

2023年夏天，董建蓉从武汉科技大学化学工程与技术专业硕士毕业。这个来自宁夏的姑娘做出了一个让同学们意外的选择——放弃东部沿海城市的高薪offer，前往新疆的克拉玛依石化工作。"当时很多人不理解，但我看中的是这里完善的培养体系和广阔的发展空间。"董建蓉回忆道。

她的选择并非一时冲动，而是经过深思熟虑。在校园招聘会上，克拉玛依石化详细介绍了他们的人才培养计划，特别是针对高学历新员工的"一人两师双序列"培养模式深深吸引了她。

入职第一天，董建蓉就感受到企业对新员工的重视。依照研究院惯行的"一人两师"指导模式，安排副院长李静和企业一级工程师教震分别担任她的技术导师和技能导师。"两位导师都是各自领域的专家，能同时得到他们的指导，我感到非常幸运。"董建蓉说。

多岗位历练夯实专业根基

克拉玛依石化从企业需求、培训任务、个人成长3个层面对新员工进行分析规划，绘制"345模式"新入职员工基础培养规划图，即从轮岗实习锻炼、综合素质提升、职业能力培养3个目标进行总体设计，通过4个阶段专项集中轮训，夯实总体规划、入职培训、分级实施、跟踪培养、过程考核5个步骤，以工程思维推动新入职员工培养工作。

克拉玛依石化建立了"生产—科研"双向交流培养机制，研究院则为新员工设计了"厂区车间—研究院装置—化验分析—项目攻关"4个阶段的系统性培养计划。这套培养体系已经运行多年，帮助无数像董建蓉这样的年轻人快速成长。

基层学习，构建炼厂知识框架。在研究院，为了让董建蓉尽快熟悉工作，她的导师教震制定了详细的培训计划：2023年9月，去工艺组熟悉工作环境，了解仪器设备操作；10月，去炼油一部学习蒸馏、催化、丙烷脱沥青等装置工艺流程、原料性质、产品构成；11月，去炼油三部了解高压加氢、白油加氢和精密分馏装置生产特点，加深对油品加工工艺的认识和理解……

就这样，董建蓉在炼油一部和炼油三部进行了为期2个月的实习，她深入学习了蒸馏装置、丙烷脱沥青装置、高压加氢装置的工艺流程、操作条件、原料和产品性质，对工业生产装置、工艺流程、产品性质指标了然于胸。并将研究院加氢试验装置和加氢工业生产装置进行对比分析，认真梳理设备材质和制造标准、操作方式、催化剂装填方式等方面不同，对科研项目研究做到心中有数。

2024年1月，在研究院原油评价与化验技术组化验

董建蓉在进行实验

分析岗位实习，学习并掌握了密度、黏度、吸光度等油品常规分析和气质联用、重油馏分烃类组成、比表面积及孔容积测试等特种化验分析技能，对油品性质和科研项目中分析表征手段有了更加深入的了解，提高了开展科研工作的技能水平和能力。

功夫不负有心人。董建蓉仅用了4个月就通过考试取得原油评价与化验分析试验岗上岗证和石油化工科研实验初级工职业技能等级证书。董建蓉说，入职克拉玛依石化后，研究院师傅们的敬业精神、创新精神深深感染了她，他们一心为企业提升效益，不断学习新的思想、应用新的工具，持续在过去老经验的基础上推陈出新……两年的时间说长不长、说短不短，但正因为大家的努力，一系列新工艺成功诞生、一批批新产品顺利面世。

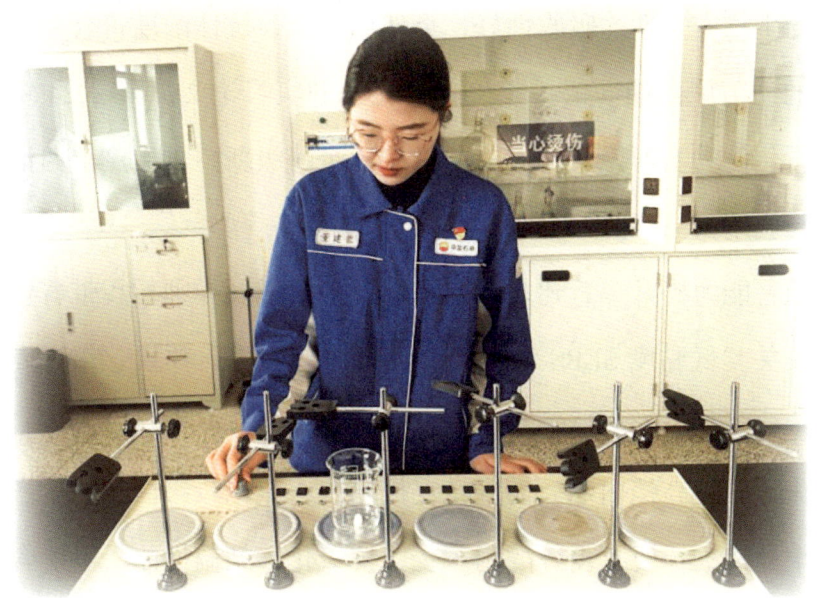

董建蓉在进行原油评价试验

参与重点项目快速成长

2024 年 3 月，表现优异的董建蓉被选入克拉玛依石化"三重一大"重点科研项目"禽用新型疫苗白油研发"团队。这个项目对企业产品结构转型具有重要意义。"刚开始压力很大，团队里都是经验丰富的前辈，我担心自己跟不上。"董建蓉坦言。为了不拖后腿，她白天参与实验，晚上查阅文献，经常工作到深夜。导师李静看在眼里，特意为她制定了详细的学习计划，每周都要检查进度。

在该项目中，董建蓉承担了疫苗白油加氢工艺催化剂的评选，产品组成结构分析方法建立及检测的工作，能够独立进行加氢工艺研究方案的设计，完成试验指令编写，评测催化剂的体系组合、工艺条件、工艺参数等因素对产品指标的影响，最终评选最优的工艺技术方案。另外通过调整油品中碳数分布和组成结构及机理总结，研制出具有优异生物安全性、吸收性好、炎性反应低、抗体浓度符合客户指标要求的疫苗用白油。依托于该项目完成的实习论文，获 2024 年克拉玛依石化优秀实习论文。撰写的论文《医药级新型禽用疫苗白油佐剂开发与应用》，获克拉玛依石化科技论文奖一等奖。

随着能力提升，董建蓉开始承担更多责任。导师教震带着董建蓉一起攻关"低黏度 SEBS 化妆级白油研究与应用"项目。作为爱美人士，董建蓉每天都会接触化妆品，但她才知道，原来克拉玛依石化也生产化妆品级高档白油。而且，克拉玛依石化化妆级白油的生产质量标准十分苛刻：要有良好的耐黄变、抗氧化、粘温性能，不能含邻苯二甲酸盐等有害物质，重金属、铅等含量要符合国家化妆级白油的相关标准，要满足多环芳香烃（PAHs）法规要求，达到环保要求……

在教震"手把手"的教导下，董建蓉完整参与了科研过程——了解市场需求，推进科研进度，探索优化试验参数，推动新产品生产。直到2024年3月，克拉玛依石化生产的低黏度SEBS化妆级白油检验合格，并工业化生产630吨，销售500多吨，产生利润50多万元，且产品已形成完整生产工艺卡片，该项目研究成果及产品开发深受认可，产品质量得到用户的一致好评。截至2025年6月，SEBS化妆级白油工业化生产并销售3500吨，产生利润300多万元。

从参与者到主导者的蜕变

董建蓉参与的多项科研工作，均取得了优异的成绩。2023年11月，4号疫苗白油第2次工业化生产，生产并销售200吨；2024年3月，6号疫苗白油工业化生产45吨，取得较好的经济效益和社会效益。2023—2024年，禽用新型疫苗白油工业化生产4次，总售出约500吨。

董建蓉还参与多项临时任务，与项目组共同解决了N56、N46油品的倾点、颜色分析结果接近指标下限等问题。她积极与项目组成员沟通交流，对于催化剂、冷冻机油、变压器油有了更加深入的认识，对克拉玛依石化的产品了解不断深入。并承担了企业专利《环烷基橡胶油及其制备方法》申报中国石油和化学工业联合会专利奖的部分材料编写和整理工作，该专利荣获2024年度中国石油和化学工业联合会专利金奖。

2024年4月，导师教震指导完成的论文《CCUS技术在炼化企业具象化应用的探索》收录于"2024中国炼油与化工企业高峰论坛"，并收到会议方制作宣传展板的邀约。调研发现，炼化企业应用CCUS技术对减排二氧化碳具有重要意义。团队结合企业排放现状，筛选出适合的烟气CO_2捕集工艺并规划了利用途径。该方案既能减少污染，又为企业开拓新产品路线拓展了方向。2024年6月，董建蓉以此为基础组建团队参加集团公司第三届创新大赛。克拉玛依石化高度重视科研创新与青年培养，为团队配备了专业指导，最终荣获炼化与新材料专业创意比赛三等奖。

2024年，董建蓉承担研究院软课题"芳烃富集分离技术进展及工业化应用前景展望"技术调研，也为企业减油增特提供了思路。该课题调研并分析总结目前已有的芳烃富集分离技术，筛选出适用于克拉玛依石化的工业化技术路线。通过优化工艺方案，为生产高芳烃油提供技术支持，为芳烃资源的高附加值利用发展提出建议，给企业提质增效提供了技术支持。

苦干实干淬本领　常学常新创佳绩

石油化工研究院

青苗之始

> 李传玺，男，2021年毕业于天津大学化学工程专业，博士研究生学历，中共党员，现就职于石油化工研究院（以下简称石化院）新材料研究所新材料制备工艺研发岗。获2022年和2025年创青春中国青年碳中和创新创业大赛全国金奖、石化院2022年质量安全环保先进个人。

石化院在青年员工培养过程中多措并举，通过搭建科研平台、配备导师团队、提供项目历练等方法，为新员工铺就了从理论到实践的成长之路。

导师帮带，为人才成长保驾护航

石化院根据新入职员工的特质、能力和发展潜力，按照3年基础培养要求，为新员工配备双导师，给予全方位的指导和支持，使新员工奋斗目标更加明确、综合素质和业务能力得到全面提升，职业生涯发展基础更加坚实。

在"生物降解材料市场调研及产品研发进展"项目中，李传玺在导师团队的指导下，从调研提纲的反复打磨到4万余字报告的数易其稿，始终坚持"数据为先、论证严谨"的原则。为了获取前沿市场数据，他主动联系下游企业，力求为可降解材料的布局和开发提供切实有效的参考借鉴。

在"DMS路线合成低熔指生物降解材料PBS与近红外在线监测技术开发"项目中，导师团队鼓励李传玺大胆牵头、探索创新，并对他悉心指导。他白天泡在实验室做实验，夜晚分析数据并查阅文献，成功合成DMS路线低熔指PBS生物降解材料产品，性能对标日本三菱商业产品。同时，与分析检测研究室合作完成聚酯反应在线检测技术平台的设计与应用。基于近红外在线监测装置，自主编写数据分析处理程序，实现对酯交换阶段的组分变化实时监控，为后续聚酯制备过程智能化技术的开发奠定基础。

李传玺在实验室工作

入职以来，借持之以恒的韧劲和精益求精的钻劲，李传玺不断向新技术新领域发起挑战。李传玺积极参与COC及其单体开发工作，开展单体降冰片烯的制备工艺优化及放大、聚合及后处理工艺的优化。在领导和专家的指导下，他深入剖析小试实验结果，开展反应动力学研究及工艺过程开发，将领导和专家的丰富经验与实验结果和自己所学相结合，深化了对知识的理解及其应用，并积极配合工艺工程研究所开展工艺包开发工作。

揭榜挂帅，激发员工创新活力

为促进青年员工更快成长，石化院拓宽培养通道，实行揭榜挂帅，让有能力的青年科研人员大胆承担重点科研任务，在项目研究中快速成才。在"生物可降解材料聚丁二酸丁二醇酯（PBS）开发项目"中，李传玺脱颖而出，承担了工艺条件优化的关键任务。在前辈的引领与指导下，广泛查阅文献，充分利用石化院先进设备，主动探索并与同事分享方法经验，经过数百小时的实验与分析，定位工艺优化方向，为中试、工业试验和工艺包的开发提供了技术支撑。

在工艺包开发过程中，借助与中国昆仑工程有限公司沟通、学习的机会，他参与了基础数据包的编写、万吨级 PBS 生产工艺流程模拟等工作，为日后开展新材料生产工艺设计放大打下了坚实的基础。

多元化培养，促进人才全面发展

石化院不仅注重新员工在科研方面的培养成长，还提供多元化机会，促进员工全面发展。

作为新材料研究所的首位安全员，李传玺迅速从"新手"向"守护者"转换。在部门领导的带领下，李传玺与同事同心协力，建立并完善实验室安全管理体系，形成新材料研究所 HSE 清单、指南等路径化材料，认真落实日常安全职责，组织实验室隐患整改、风险识别及防控等相关工作，新材料研究所也于 2021、2023 年获石化院质量安全环保先进集体。

"知者行之始，行者知之成"。在企业为新员工搭建的成长成才大舞台上，李传玺始终保持着对工作的浓厚兴趣和高昂热情，牢记科技兴国使命，将理论与实践紧密结合，在日常工作中不断提高专业技术水平，将一线实践视为最好课堂，立志为国家和集团公司发展做出应有贡献。

扎根西部闯油海 科技创新树标杆

西部钻探工程有限公司

任强，男，2021年毕业于西南石油大学石油工程专业，博士研究生学历，2022年2月入职以来，一直在西部钻探工程有限公司（以下简称西部钻探）从事油气藏储层改造助剂产品研发工作。入选2022年新疆维吾尔自治区"天池英才"引进计划，先后主持新疆维吾尔自治区重大科研项目1项、局级科研项目2项，作为主要研究人员参与局级项目4项，获授权发明专利6件，获得西部钻探科技进步奖三等奖1项，西部钻探井下作业公司技术创新奖一等奖2项、二等奖2项，被评为西部钻探第八届劳动模范、西部钻探井下作业公司2022年度工程技术先进个人。

他怀揣为祖国西部石油事业奉献终生的雄心壮志，常年坚守研发实验室，日夜奋战在科研一线，多项成果弥补了西部钻探高性能助剂产品研发的缺失，加速公司产学研用一体化工程技术服务进程。他用成绩和荣誉在科研工作中逐"油"而行，用汗水和努力为青春留下美丽的华章，用实际行动践行了"扎根西部抒壮志，奉献青春勇担当"

的誓言。

练内功强能力，打造学习科研"突击队"

西部钻探针对新员工所学专业，精心制定《三年跟踪培养方案》，构建"理论—实践—专业"三阶培养体系，以"1+9+N"模式（1个月集中培训+9个月现场轮岗+N年岗位深耕）精准培育新员工。第一阶段，开设"入职特训营"，采用"理论授课+模拟实操"方式，系统讲授企业文化、安全规范、工艺原理、井控应急等特色核心课程。第二阶段，实施侧钻、大修、压裂、连管4大作业现场"全流程"轮岗计划，熟悉不同技术领域技术技能。任强通过压裂现场轮岗，采集30余口井施工数据，掌握不同压裂液配方的适配逻辑。第三阶段，根据专业背景与轮岗表现，他被定向分配至液体工程师岗位，开展压裂助剂核心技术研发。推行"管理+技术"导师制，为任强确定党委书记和企业高级专家"双导师"，每月开展"职业规划+技术攻关"双维度辅导。依托新员工培养机制，任强快速成长为压裂助剂研发团队带头人，并成立以其命名的任强青年突击队，固化形成"日实验复盘+每周技术研讨+月成果汇报"模式，组织30余场"传帮带"培训，系统钻研合成实验原理。突击队成立以来，累计完成1600余组实验，成功研发耐温抗盐有机硼交联剂等3项具有自主知识产权的工业化助剂配方，技术指标通过新疆油田实验检测研究院认证。

守初心担使命，锻造创新创效"尖刀连"

为帮助新员工快速将理论转化为实践，西部钻探搭建"现场实战

+实验室创新"双轮驱动平台,在玛湖油田、吉木萨尔页岩油区设立共享型现场实验室,配备压裂液性能测试仪、高温高压流变仪等设备,新员工可直接对接井口施工数据,实现"问题从现场来,方案到现场去"。进入团队初期,任强在现场驻井3个多月,采集不同井深、温度下的压裂液破胶数据1800余组,为压裂液体系配方优化提供了实证支撑。西部钻探还建立"揭榜挂帅"机制,每年梳理生产一线的技术难题形成榜单,鼓励技术人员加入团队揭榜。入职不到1年,他便带领团队成功揭榜"低成本压裂助剂研发"项目,在西部钻探科学技术委员会指导下,深入生产一线收集数据3000余组,反复进行试验优化,最终成功研发"低成本、高性能助剂"系列产品,已累计生产2000吨。其中抗盐型交联剂耐温160℃、耐盐50000ppm,成本降低16.7%,成为西部钻探降本"新突破"。2023年,以任强团队为核心,推进CMA计量资质扩项工作,新增支撑剂、降阻剂等2个大项、7个小项、81个参数检测能力,建立"研发—检测—应用"闭环体系,使新员工研发成果可快速通过认证,进一步完善了西部钻探技术服务体系。

勇担当破难题,铸造技术立企"新利器"

西部钻探实施"青年英才"培育计划,创新设立"项目历练+成果孵化"双轨培养机制,每年发布20余项重点科研课题,为优秀青年人才提供广阔发展空间。同时成立"科技成果保障专班",为新员工提供"专利申报—中期验证—成果鉴定"全流程服务。任强始终坚持目标导向,把个人研究方向与油田发展需求和企业发展战略紧密结合，他凭借扎实的专业能力和前期积累的实践经验，牵头承担"塔里木盆地万米超深井钻完井关键技术与装备研究""胍胶压裂液用关键助剂合成工艺优化研究""XZ-SMA超分子自组装暂堵转向剂的研制"等多项核心课题。在项目研发转化推进中，他带领团队凝心聚力、集智攻关，全力以赴向着提质增效、成果创效的"高质量发展"阵地冲锋，极大加快了西部钻探高端压裂液体系及压裂关键助剂的研发进程，形成4种自研产品配方、3套压裂液体系，自研3项产品实现工业化生产，现场应用效果显著。牵头制定8项企业标准，完成自有助剂油化证办理工作，其中4种助剂顺利通过集团公司油化剂质量认可，丰富了西部钻探XZ系列产品品类。

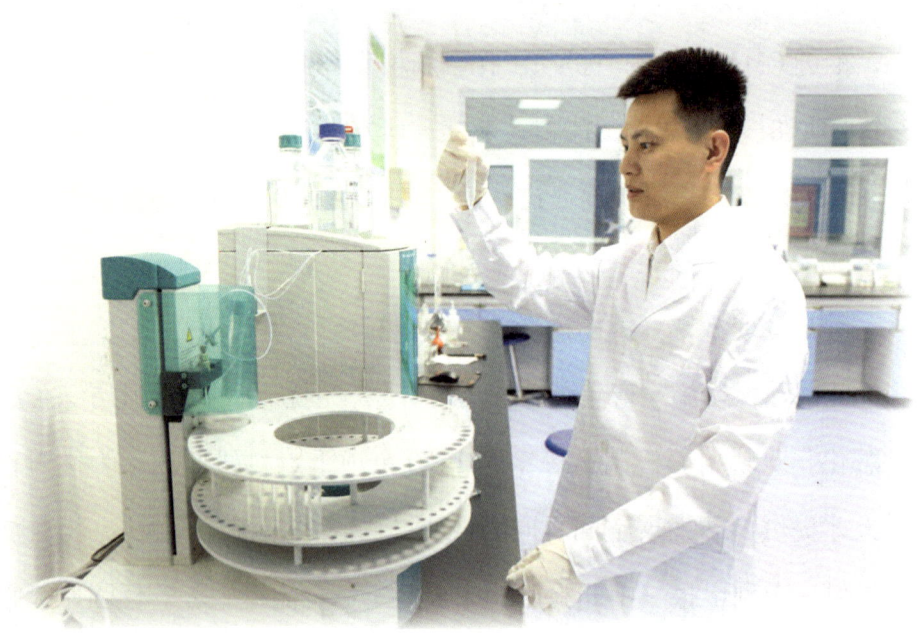

任强在实验室工作

提效益促发展，勇当能源保供"主力军"

面对油田勘探开发难题及企业高质量发展战略，西部钻探积极构建"引育留用"全周期人才生态，针对新员工制定"学术交流—项目申报—成果转化"的阶梯式成长支持体系。每年鼓励新员工参加SPE、国内页岩油开发等行业论坛，并设立专项经费，推动新员工与石油院校、科研院所开展联合研发项目，择优推选新员工争取所在地区科技人才保障计划，加大技术、经费、资源支持力度。自2023年任强被推选为新疆维吾尔自治区"天池英才"以来，在西部钻探的大力支持下，他践行"绿色发展、奉献能源"的价值追求，以科研项目为抓手，强化自身建设，不断追求卓越，主持新疆维吾尔自治区级重点课题"低成本绿色环保助排剂研究与应用"，带领团队成功研发出阴离子型、阳离子型、甜菜碱型系列表面活性剂，累计申报发明专利8件，项目技术核心竞争力持续增强。通过成果转化与技术推广，成功在新疆油田多个厂处现场应用，进一步树牢了"油田华佗·智慧井下"的品牌形象，为西部钻探高质量发展、建设世界一流工程技术服务企业注入了强劲"科研新动力"。

"红工衣+白大褂"深度融合 锻造能文能武的新时代石油青年

渤海钻探工程有限公司

李晓晨,男,2022年毕业于中国石油大学(北京)化学工程与技术专业,博士研究生学历,中共党员,现任渤海钻探工程有限公司(以下简称渤海钻探)泥浆技术服务分公司钻井液研发中心工艺组研发工程师。自入职以来,先后在泥浆技术服务分公司工程技术部、质量安全环保部、物资管理中心、大港项目经理部等多个关键部门轮岗锻炼。承担或参与渤海钻探科技项目4项,申报国家发明专利和国际PCT专利8件,参与制定修订集团公司和渤海钻探企业标准2项,发表SCI论文7篇。参与华北油田隆华1井,大港油田海探1井、沧探1井、官探1井等重点井施工。2022年被评为渤海钻探优秀新入职员工,2024年被推荐为渤海钻探钻井液技术攻关青年创新团队带头人,获得2024年莫斯科国际发明奖金奖、2024年日内瓦国际发明奖银奖等荣誉。

"志不求易者成,事不避难者进"是习近平总书记给中国石油大学（北京）克拉玛依校区毕业生回信中的殷切寄语，深深激励着李晓晨树立扎根一线、奉献石油的人生理想。博士毕业入职2年来，他始终奋战在钻井液施工与实验室研发的前沿，将一线生产中的难点痛点转化为科学研究的甜点靶点，快速成长为身披"红工衣+白大褂"双色战袍、既能文又能武的新时代石油青年典范。李晓晨的快速成长，既是个人奋斗的成果，更是渤海钻探系统性、针对性组织培养结出的硕果。

一线强筋：组织搭台，实践赋能，破解现场难题

油田技术服务企业以培养兼具创新研发能力与丰富现场经验的复合型人才为核心目标。针对李晓晨学历高、科研能力强的特点，以及其扎根一线的强烈意愿，其所在的泥浆技术服务分公司精心设计并实施了"生产一线+科研一线"双轨并行的个性化培养方案，为其快速成长为"能文能武"的复合型人才奠定了坚实基础。

针对李晓晨理论知识丰富、学习能力强但现场经验缺乏的特点，渤海钻探从培养"能文能武"的综合人才入手，安排其深入钻井生产一线，与现场工程师同吃同住同劳动，以技能专家、技术能手为师，以老师傅、老大班为榜样，虚心求教，脚踏实地。入职不到2年，参与了华北油田隆华1井，大港油田海探1井、沧探1井、唐东73X1井、官探1井等多口集团公司重点探井的施工。渤海钻探引导的"现场发现问题—实验室研究成因—现场验证方案"闭环工作模式，使他在实践中能紧密结合专业优势，深入剖析现场遇到的水侵、气侵、井漏、井壁失稳等复杂事故的地质与工程诱因，并将"红工衣"的实践经验与"白大褂"的科研能力无缝衔接。依托这一培养路径,他成功为大港油田负位移长水平段高摩阻、大庆油田古龙页岩油二氧化碳污染、海南福山油田破碎带地层失稳卡钻等12项重大现场难题提供了科学依据和有效解决方案。

科研健骨:体系支撑,项目历练,锻造科技利器

李晓晨在实验室工作

渤海钻探为李晓晨量身打造了强有力的科研支持体系,实施"生产+科研"双导师带徒制度,组建技术专家顾问团队确保项目方向精准、执行有力,创建"研发工程师+现场工程师"协同团队打通成果转化"最后一公里",并侧重安排其承担高级别科研项目,在实战中"压担子、促成长"。

在这一体系支撑下,李晓晨高效追踪技术前沿,紧密联系生产实际。他深度参与"超深井抗高温高密度油基钻井液完井液体系研究"等多项渤海钻探重大科技项目,并通过主动技术推介,成功承接大港油田勘探事业部委托的"大港油田深层煤层气钻完井技术研究"项目。得益于组织提供的资源和平台,他针对高温深井试油需求,创新构建了沉降稳定性评价方法,研发出耐温220℃、15天无硬质聚沉

的试油完井液体系，有效支撑了河探101井、隆华1井等重点井试油。针对储气库建设和老油田开发中的漏失伤害问题，他从战士铠甲结构获得启发，创新研发出"纳米铠甲"低密度钻井液体系，显著提升了常规体系的抗温耐压性能，为大港储气库和塔里木克拉2气田二次开发提供了新方案。面对深层煤岩气井壁失稳难题，他快速攻关形成强封堵复合盐钻井液体系，保障了大港油田首口深层煤岩气官探1井顺利钻进。这些创新成果，是个人才智与组织科研体系高效协同的结晶。

思想铸魂：关怀引导，使命驱动，接力能源安全

渤海钻探建立领导干部一对一服务联系制度，定期与李晓晨交流谈心，提要求、压担子、勤鼓励，做其工作生活的知心人，并将思想引领融入人才培养全过程。在交流谈话中，李晓晨提及2020年暑假留校时期，他在得知习近平总书记给中国石油大学（北京）克拉玛依校区毕业生回信的消息后十分振奋，"总书记在信中引用《后汉书》中'志不求易者成，事不避难者进'的名句寄语青年学子，这殷切期望坚定了我扎根一线，奉献石油的人生理想。"工作以来，在组织的持续关怀和思想感召下，李晓晨对习近平总书记回信精神的感悟更深、更浓，这种源自组织培养的使命感，转化为了强大的内生动力。李晓晨已将个人奋斗融入"端牢能源饭碗"的国家战略，立志成为突破钻完井工程难题的排头兵。组织的认可与激励进一步激发了他的潜能，促使其在工程实践和科研探索中不断突破。

入职短短两载，李晓晨已交出亮眼答卷，这是其个人矢志奋斗的

生动写照，更是渤海钻探系统性组织培养成功实践的典范。渤海钻探通过精心设计的"一线强筋、科研健骨、思想铸魂"三维培养体系，特别是"红工衣＋白大褂"双向交流、深度融合的培养模式，为高学历人才快速接地气、长才干、挑大梁提供了坚实保障。李晓晨的成长历程，深刻印证了科学的组织培养机制在激发人才潜能、锻造新时代复合型石油青年、支撑企业高质量发展中的重要作用。期待李晓晨在组织的持续培养和个人不懈努力下，为国家能源事业做出更大贡献。

勇攀蜀道之巅　锚定人生"井位"

川庆钻探工程有限公司

彭浩，男，2021 年毕业于西南石油大学油气井工程专业，博士研究生学历，中共党员，现在川庆钻探工程有限公司（以下简称川庆钻探）川西钻探公司川庆 120006 钻井队队长岗位工作。自参加工作以来，先后在川庆钻探川西钻探公司川庆 90011 钻井队实习技术员、工程师岗位，川庆 50004 钻井队队长岗位，川庆 120006 钻井队队长岗位等锻炼学习。荣获中央企业劳动模范、川庆钻探先进个人等个人荣誉，四川省工人先锋号、中国石油工程技术"铁人式"队伍、川庆工程技术服务金牌队、川渝页岩气标杆队一等奖第一名等集体荣誉，被评为成都市成华区人民政府"东骄华章计划"紧缺人才项目"东骄英才"。

立足新员工职业长远发展，聚焦提素提能，川庆钻探创新构建"为期 3 年、双师制、一人一册"为主要内容的"321"培养体系，加快推进新员工成长成才步伐。同时针对高层次"技术+管理"复合型人才短缺问题，深入实施"博士作业队队长"蹲苗计划，优选综合素质高、发展潜力大的博士扎根一线实践锻炼。在"双师培养机制＋博士队长蹲苗计划"赋能助推下，2021届博士毕业生彭浩脱颖而出，仅用2年时间便实现从钻井队实习技术员到万米科探钻井工程——深地川科1井钻井队队长的跨越式成长。

扎根钻井一线，从博士研究生到"小学生"

川西钻探公司50004钻井队的操作间里，轰鸣的机械声中，戴着安全帽的彭浩紧盯仪表参数，笔记本上密密麻麻记录着泥浆比重与钻压的实时数据。这是他参与"博士作业队队长"蹲苗计划，扎根一线的第4个月。

面对理论与实践的巨大鸿沟，彭浩在川庆钻探"双师制＋一人一策"培养机制的助力下稳步前行。川庆钻探为每位新员工指定1名业务师傅和思想及职业发展导师，并根据专业、个人特点等制定"一人一策"培养方案，彭浩的业务师傅由川西钻探公司总经理担任，思想及职业发展导师则是党委书记，双重指引为他点亮了成长之路。"知

彭浩在调试设备

识和技能需要用一生来习得和精进,就像钻井施工一样,只钻几十米是没有办法到达目标地层的,只有将理论与实践融会贯通,最终才能为我所用。"业务师傅罗鑫的话语,成为彭浩破解困惑的密钥。

此后,他化身求知若渴的"现场学徒"。向老师傅请教定向钻进技巧时,他将对方的经验一一记在心里;观察泥浆性能调配时,他细致记录每个细微变化。凭借扎实的学术功底与不懈探索,彭浩快速适应一线环境,熟练掌握钻井施工要点,成为大家眼中进步最快的新员工。在实践中,他总结提炼出"钻井液工程一体化"等10项创新措施,成功助力50004钻井队年进尺突破25000米,还接连刷新威204区块和大安区块钻井周期纪录,成为川庆钻探新员工成长的标杆。

攻坚钻探工艺,从钻探新人到技术排头兵

"致知在格物,格物而后知至",彭浩以扎实的学术功底为基,淬炼出敏锐的问题洞察力;以丰富的理论知识为翼,锻造出强大的实践解决力;更凭借不服输的执着,让钻井一线的常规作业焕发出科研光芒。这

彭浩在检查设备工作状态

位"博士队长"将科研精神深植生产实践,真正实现了科研"接地气"。

自入职以来,在川西钻探公司党委书记胡影这位思想及职业发展导师的悉心指导下,彭浩始终牢记"俯下身子、沉到一线"的教诲。胡影定期与他深入交流,精准帮促,为其指明工作方向,引导他聚焦基层一线急需攻克的难题,确保科研成果切实服务生产需求。在导师指引下,彭浩以课题长或参研人员的身份,先后开展了16项科研项目,在工程与科研的双重赛道上奋力奔跑。

从钻台到循环罐,从井场到会议室,处处都有彭浩带领科研团队拼搏的身影。面对井队简陋的科研条件,他毫不退缩,在无数次试错、无数个不眠之夜中,于枯燥重复的工作中探寻真理。这份坚守终获硕果:16项科研项目中,2项为省部级项目,14项为局级项目;发表学术论文12篇,其中以第一作者发表学术论文6篇(SCI收录1篇、EI收录2篇、CSCD收录1篇、中文核心期刊收录1篇),还申请发明专利1件,获得软件著作权1项。

挑起万米深井科探大梁,从技术责任到使命担当

为贯彻习近平总书记"向地球深部进军"的重要指示精神,集团公司部署的万米深井——深地川科1井应运而生。这口承载地质勘探使命的超级工程,更是淬炼人才的"磨刀石"。经川庆钻探多维度考察与研讨,彭浩凭借扎实的学术功底和丰富实践经验,被委以120006钻井队队长重任,并加入深地川科1井联合科研团队。"这是挑战,更是职业生涯的关键一跃。"彭浩以坚定的信念开启万米征程。

作为队长,彭浩身兼双重使命。既要精准把控井下工况,依据

设备、人员动态高效落实生产指令，筑牢安全防线；又要统筹班组管理，科学分配任务、疏导员工情绪，凝聚队伍战斗力。万米征程远比设计和预测要更加复杂，随着钻井深度不断突破，各类世界级钻井难题也接踵而至。彭浩充分发挥学术优势，积极参与到超大超深井眼钻具稳定性、安全性及井下通过性等核心课题技术攻关中。

彭浩在指挥现场作业

在这场与"地心"的较量中，彭浩帮助团队以创新突破极限，成功创造812.8毫米井眼钻深最深、635毫米套管下深最深、593.73毫米井眼钻深最深、492.13毫米和485.78毫米复合技术套管下深最深、浮重最重、444.5毫米和323.85毫米井眼钻深最深等18项世界工程纪录。这些数据不仅是深地川科1井的里程碑，也见证了彭浩从技术骨干到攻坚尖兵的蜕变。

彭浩的成长成才之路，是川庆钻探培养高学历人才的一次深入探索，是理论与实践相结合、个人能力与团队协作相促进的人才培养典范，为川庆钻探高学历人才的培养提供了宝贵的经验。川庆钻探下步将持续优化完善"博士队长"培养机制，让更多的博士在生产一线发挥更加重要的作用，为川庆钻探高质量发展、加快建设世界一流综合性油气工程技术服务企业贡献更多力量。

弘扬科学家精神　逐梦科技自立自强

东方地球物理勘探有限责任公司

青苗之始

贺慧丽，女，2021年毕业于中国石油大学（北京）地球物理学专业，硕士研究生学历，中共党员。贺慧丽在校期间成绩优异，曾获得国家奖学金、企业奖学金等多项奖励，通过应届生招聘入职中国石油集团东方地球物理勘探有限责任公司（以下简称东方物探），现在东方物探物探技术研究中心海洋地震勘探数据处理技术研发和软件开发岗位工作。入职以来获得物探技术研究中心先进集体、中国地球物理学会第六届油气地球物理学术年会优秀论文二等奖、东方物探质量管理小组二等奖、物探技术研究中心科技交流报告特等奖、物探技术研究中心青年科技交流报告会二等奖等个人、集体荣誉和奖项。

青年科技人员作为企业未来的中坚力量，他们的成长与发展关乎着推动企业科技进步的人才队伍是否可持续、充沛。唯有通过培养青年科技人员的科学家精神，引导他们在实践中不断学习、勇于探索、敢于创新，企业才能真正实现科技自立自强的目标。

科研一线

在贺慧丽的培养过程中，东方物探采用"老带新、传帮带"的方式，遵循循序渐进、综合性原则，通过在核心技术攻关中加大使用和支持力度，使其快速成长为科研的中坚力量。以下是其培养过程中的3条经验总结。

量体裁衣，配备高水平培养团队

东方物探按照"科技师徒"青年人才培养计划为贺慧丽安排了双导师，分别为国际勘探地球物理学家学会（SEG）Virgil Kauffman 金奖获得者张宇博士和中国"青年长城人才"杨昆仑博士。2位导师以科研任务为培养载体进行全流程的培养，在技术调研、理论学习、算法推导、代码编写、数据测试的每一环节，都进行深入的指导和反复的迭代验证。在2位导师的精心指导下，贺慧丽历时3个月，完成了上下行波反褶积技术原型模块的研发，并成功应用于东方物探尼日利亚四维重点处理项目，为国产物探软件 GeoEast 的自主可控贡献了力

贺慧丽在分享研究成果

153

量。同时，由本项技术形成的《OBN数据上下波反褶积压制多次波方法研究》报告在物探技术研究中心青年科技交流报告会中获得特等奖，并且申报1件国家专利，在国际勘探地球物理学家学会（SEG）和科威特石油公司（KOC）联合举办的陆地与浅海多次波衰减及成像技术研讨会发表论文《Multiple attenuation for OBN Up and Down going wavefield》。

循序渐进，在实现重大科研生产需求中不断进步

近几年，东方物探相继中标ADNOC过渡带和龙油OBN等大型项目，为保证项目的顺利进行，成立了多个技术攻关组。东方物探注重在科研攻关中培育新人，贺慧丽以其初步展现的优秀素质，成为OBN处理关键核心技术攻关组的一员。在项目中，团队有意识培养贺慧丽的开拓创新精神和前瞻性视野，围绕前沿技术研发，从调研和对标，到具备工业化推广应用，不断强化其科研攻关方法的运用和经验的积累。在龙油OBN项目中，贺慧丽完成时频域异常噪声压制等3项关键核心技术的开发，在实际生产中均取得了理想的效果。

齐头并进、注重综合素质的培养

为实现综合素质的培养，东方物探结合业务领域专业特点，为贺慧丽制定了新员工"六个一"培养方案，涵盖科研攻关、知识产权、项目管理等内容，逐步开展个性化培养。在科研攻关上，贺慧丽结合东方物探项目攻关完成多项关键技术的研发，形成GeoEast软件模块，成功应用于多个海内外项目；在知识产权上，贺慧丽撰写并申请《压制上行波的炮点端多次波的方法及装置》等3件国内专利和2

件 PCT 国际专利，以合作作者申请 2 件国内专利，其中《地下介质速度的确定方法、装置、设备》已获国内专利授权；发表《Multiple attenuation for OBN Up and Down going wavefield》等 3 篇学术论文，为东方物探知识产权保护做出了贡献。在项目管理上，贺慧丽作为项目负责人申请东方物探中青年基金"基于上下行波反褶积的转换波多次波压制"项目，作为项目联系人负责外协项目"转换波多次波压制技术研发"，提升了个人的项目管理能力。

经过近 3 年的培养，贺慧丽完成时频域异常噪声压制、多次波预测与衰减、TauP 域面元划分、道集拉平等 4 项关键技术的研发，填补了 GeoEast 在相关领域的技术空白；完成二维曲波域多次波相减和 RTM 角道集转换 2 项技术的优化完善，使模块效率成倍提升，稳定性显著提高，有效增强了 GeoEast 软件的核心竞争力；参与集团公司级 OBN 技术研发攻关项目，完成三维曲波域多次波自适应相减关键核心技术的研发，在实际生产中均取得理想的效果，获得甲方好评，为东方物探国际海洋处理业务的发展提供了技术支持。

贺慧丽的成长是东方物探师徒培养模式成功实践的典范。东方物探将持续优化人才培养策略，深化研用结合，鼓励创新，为青年科技人才提供更广阔的发展平台，以实现个人价值和企业战略目标的双赢，为东方物探跻身世界一流企业做出更大贡献。

让青春在科研一线绽放绚丽之花

测井有限公司

青苗之始

李思亦，女，2021年毕业于中国石油大学（华东）地质资源与地质工程专业，硕士研究生，中共党员，现为测井有限公司（以下简称中油测井）测井技术研究院声波测井技术骨干。相关研究成果以第一作者发表论文9篇，申请PCT国际专利、国内发明专利6件，编写行业标准1项，2024—2025连续2年受邀在测井行业全球顶级国际会议SPWLA做技术宣讲；荣获陕西省第七届职工创新大赛一等奖、集团公司第三届创新大赛一等奖、中油测井优秀职工创新成果一等奖及国际测井竞赛SPWLA-PDDA全球第三名等多项荣誉，获评中油测井年度优秀员工、先进个人，入选2025集团公司西北协作区"青马工程"。

习近平总书记叮嘱"把论文写在田野大地上"。李思亦牢记总书记嘱托，深入科研生产一线，紧密结合技术前沿，以实际行动履行"科研就是为了应用"，展现了新时代青年科技工作者的责任担当。她的成长轨迹不仅是个人奋斗的缩影，也是企业"育才、用才、激才"的生动实践。

做好角色转换

中油测井高度重视新员工职业发展,构建"理论培训+实践锻炼+导师引领"的三维一体培养体系,帮助新员工快速实现从学生到测井人的身份转变。

系统化培训:夯实基础,提升专业素养。2021年7月,中油测井组织为期103天的新员工入职培训,涵盖理论学习、软件实操、设备操作3大模块。其中,LEAD软件操作、CPLog装备实操等核心技能的培训实行"日考日清"制度,确保学员每日掌握关键知识点。培训期间李思亦以第一名的成绩通过考核,专业素养得到大幅提升。她还主动担任班长,策划篮球、乒乓球等文体活动,有效缓解疫情带来的心理压力,凝聚新员工向心力。这一阶段的培训,为其后续发展奠

李思亦在中油测井2021年新引进毕业生入职培训开班仪式上发言

定了坚实基础。

精准化匹配：因材施教，激发潜力。根据中油测井新员工培养计划，测井技术研究院通过"双选会"双向匹配岗位，结合专业特长与个人兴趣，将李思亦分配至方法研究所。以"H"型人才为目标，为其匹配资深专家担任导师，制定个性化培养方案。导师从声波测井的基础理论、仪器设计、数据处理到软件开发，提供全流程指导。通过"三维一体"培养，李思亦在短时间内实现专业能力的全面提升。

立足岗位攻坚

中油测井立足高质量发展，积极创造"事业有平台、发展有空间、成长有环境"的人才沃土，为青年员工提供技术攻关的实践舞台。

技术孵化机制：聚焦痛点，突破行业瓶颈。2022年，李思亦在参与声波时差实时提取工作中，创新提出基于截断窗函数的STC技术，显著提升了弱信号的时差分析精度，拓宽了声波仪器的应用范围，团队研发的时差实时提取技术在国内先后应用100余井次，并成功支撑尼日尔首口井的现场声波时差提取，为中油测井海外市场拓展提供了技术保障。中油测井为她配备数据资源及跨部门协作支持，确保科研攻关高效推进。

课题自主选择：鼓励创新，激发青年活力。2023年，测井技术研究院征集技术难点问题，优先推荐新员工设立科研课题。李思亦主动请缨，担任"裂缝构造体形态识别及边缘增强方法研究"课题长，针对远探测超弱观测反问题，开发高稳健性噪声压制和成像增强算法，成功应用 10 余井次。中油测井为课题组提供专项经费、实验室资源及跨区域专家团队支持，确保科研成果快速落地。

高端培训赋能：接轨前沿，提升技术视野。2024 年，中油测井推荐李思亦参加集团公司高水平技术培训，聚焦新业务发展中的技术瓶颈。在专家指导下，她联合团队研发实时声波远探测成像技术，可在 3 小时内完成 1000 米井段 18 个方位的高精度成像，时效较同行业提升 240%。该技术在非常规油气、深层煤岩气等领域实现开创性应用，成为油气高效益开发的关键手段。中油测井通过"项目孵化 + 导师辅导"机制，加速技术转化，助力青年人才成长为行业技术先锋。

业绩成果彰显

在科技创新方面，中油测井用心搭建服务青年平台，为青年员工提供多维度激励。

竞赛平台支撑：以赛促研，锤炼技术实力。2023 年 5 月，在企业高级专家孙学凯指导下，李思亦和团队成员参加 SPWLA–PDDA 国际测井竞赛，经过反复探索、试验与优化，最终凭借高准确率脱颖而出，获得全球第三名。2024 年 10 月，她代表中油测井参加集团公司第三届创新大赛，自主研发的《深层实时测井声学远探测成像技术》斩获工程技术专业一等奖。中油测井通过"专家指导 + 封闭集训 + 专项培训"模式，为参赛团队提供全方位支持，确保青年人才在国际舞台上展现实力。

荣誉体系激励：树立标杆，激发奋斗动力。李思亦凭借多项创新成果，荣获陕西省第七届职工创新大赛一等奖、集团公司创新大赛

李思亦参加陕西省第七届职工科技节职工创新大赛

一等奖等省部级奖项,并入选 2025 年集团公司西北协作区"青马工程"。中油测井通过优秀员工、先进个人等评选机制,树立青年标杆,激发人才动力。

饮其流者怀其源,学其成时念吾师!作为新一代测井人,李思亦用青春践行"我为祖国献石油"的誓言,脚踏实地,努力工作,做一名"有志、有识、有规、有恒"的合格测井人,未来,中油测井将继续完善"生聚理用"人才机制,为更多青年人才提供成长沃土,为建设世界一流测井公司培养更多青年人才!

一路奔跑　一路阳光

规划总院

青苗之始

　　黄骞，男，2022年毕业于中国石油大学（北京）油气储运工程专业，博士研究生学历，中共党员，现任规划总院油气田所三级工程师。作为规划总院"新羽计划"的首批新员工之一，自入职以来，在系统化的培养路径下，先后在规划总院油气加工岗位、长庆油田设计院工艺岗位（基层实践锻炼）、规划总院特种气体战略政策研究岗位等锻炼学习。得益于规划总院提供的广阔发展平台和良好激励机制，他荣获中国青年碳中和创新大赛铜奖，集团公司创新大赛二等奖，规划总院创新大赛一等奖、演讲比赛二等奖、征文比赛三等奖、实践锻炼优秀奖等奖项，被评为规划总院青年岗位能手、新员工入职培训优秀学员等，受聘担任《天然气与石油》青年编委，入选团建联盟青年讲师团，担任青马工程培训班宣讲师。

　　黄骞坚持做习近平新时代中国特色社会主义思想的坚定信仰者和忠实践行者，始终将献身石油、能源报国作为人生信仰，这一信念的形成与巩固，离不开规划总院深化石油精神教育的"思想必修课"。

他坚持立足岗位、虚心学习、刻苦钻研、勇于创新。在规划总院精心构建的"导师辅导课"机制下，他在油气田所党支部书记王钦（职业发展导师）和企业高级专家王春燕（业务导师）的"双导师"指导下，依托规划总院提供的项目实践平台，先后主持国家级项目1项、集团公司级项目3项、其他各类项目10余项，政治素养和专业能力快速提升，已经逐渐成长为规划总院新一代科技研发、战略规划等业务的主力军。

投身油气生产一线，锤炼过硬本领：在"入职启蒙课"中转变角色，在"基层实践课"中淬炼成长

规划总院将入职培训和基层实践锻炼作为新员工培养的重要一环和必修课。目睹众多前辈还有同龄人，为保障国家能源供应，生活在现场、奋战在工地，让黄骞对石油精神的时代内涵和央企青年的责任担当有了更深刻的理解，这段在长庆油田为期半年的实践锻炼经历，让他初到油气生产一线就坚定了献身石油、能源报国的信念。

在规划总院"深化理论实际结合"的实践锻炼方案指导下，黄骞聚焦油气田地面工程，深度参与苏里格深度处理总厂等工程建设。他勤学不辍，将专业知识从油气加工工艺拓展至市场分析、集输、处理、净化技术及装备选型等领域，延伸了专业广度；从项目前期方案论证延伸至可研、初设、施工、运行等全生命周期环节，拓宽了专业维度；从常规天然气处理深入到低温乃至超低温这一战略必争领域，探索了专业深度。这段由组织精心安排的"基层实践课"，不仅夯实了他的专业基础，也让他成功实现从毕业生到科研工作者的角色转变，为其后续承担关键技术攻关打下了坚实基础。

实践学习之余，黄骞还积极协助长庆油田组织项目审查会、技术交流会等管理工作，累计组织和参加各种会议30余次，收发函件100余封，形成纪要40余份，不仅锻炼了组织协调能力，也促进了规划总院和长庆油田的紧密合作。

攻坚气体分离瓶颈，做特科技研发：在"专业研修课"与"导师辅导课"支持下勇攀高峰

进入规划总院后，黄骞接到的第一项任务就是块"硬骨头"——天然气提氦技术攻关。氦气在气体中具有分子量最小、沸点最低（4K）、放射惰性等独特性能，广泛应用于国防军工、航空航天、医疗等领域，是不可替代的战略资源。我国天然气中氦气含量极低，仅

黄骞在长庆油田生产现场

有万分之一到万分之五左右，从天然气中提取氦气是最复杂的天然气加工过程。时间紧、任务重、难度大，黄骞没有退缩，而是选择迎难而上、努力奔跑。

在规划总院"围绕科研能力强化"的理念下，在企业高级专家王春燕（业务导师）等导师团队的悉心指导下，他发挥理论扎实、思维活跃、逻辑缜密的优势，创新性提出贫氦天然气常温提取技术路线，开发了国内首套膜法气体分离流程模拟软件和首套变压吸附气体分离流程模拟软件，填补了国产软件的空白，打破了常温法气体分离的技术壁垒。相关创新成果已申报国家发明专利14件、登记软件著作权6项，为常温法气体分离技术推广应用奠定了基础。这一关键技术的突破，是规划总院"学中干、干中学"培养理念和强大导师资源支撑下的直接成果。

黄骞在创新大赛现场

聚焦国家能源安全，做强战略规划：在特色培养与平台赋能中担当重任

黄骞承担的第二项任务更加艰巨——全国氦气产业发展规划。这是集团公司首次开展全国全产业链发展规划，意义重大、影响深远。作为项目负责人，他没有退缩，再次选择了努力奔跑。

规划总院鼓励各二级单位形成各具特色的人才培养特色做法。他所在的油气田所通过赋予年轻员工重要科研任务的方式，帮助其加速成长，实现从技术研发者到战略规划负责人的角色跃升。在企业首席专家孙春良等指导下，他牵头组建了由5家单位、60余人组成的研究团队，站在国家战略高度、总体布局谋划，擘画出我国氦气产业发展的宏伟蓝图，极大增强了氦气产业发展的前瞻性、系统性和可持续性。他参与编写的氦气产业链相关报告获国家领导人肯定性批示，主编的研报获得集团党组领导4次批示，有力推动了集团公司乃至全国的氦气产业链建设，让氦气全产业链一体优化技术成为规划总院一张靓丽的名片。

紧张工作之余，规划总院也搭建了丰富多彩的文体活动平台，为员工提供了全面发展的空间。黄骞还积极参加演讲比赛、征文比赛、篮球赛、运动会、团拜会等文体活动，获得了多项好成绩，充分展现了规划总院青年员工昂扬向上的精神风貌。"这才是年轻人该有的样子"，这是规划总院领导对他的评价。

心中有光，脚下有路，未来的日子里，他将在规划总院这片沃土上继续一路奔跑，也必将一路阳光。

扎根井场磨炼石油精神　基础科研推动技术发展

工程技术研究院有限公司

　　王宝栋，男，2021年毕业于中国石油大学（北京）安全科学与工程专业，博士研究生学历，中共党员，现在工程技术研究院有限公司（以下简称工程院）钻井机械研究所从事石油工程数值仿真技术基础研究与应用工作，同时作为技术负责人，开展膨胀管裸眼封堵技术的攻关研究及现场实施任务。入职以来，先后获工程院基础研究一等奖1项、成熟技术产业推广二等奖2项，并获工程院十大杰出青年，以及第三届中国仿真技术应用大会仿真技术创新奖、第三届中国工业互联网大赛"工业互联网+数字仿真"专业赛优秀奖。以课题长参研课题1项，以副课题长参研课题3项，以项目骨干参研课题12项，发表学术论文5篇，申请发明专利5件，制定标准3项。

　　习近平总书记说，"奋斗是青春最亮丽的底色，行动是青年最有效的磨砺。"3年前，王宝栋怀揣着学以致用、兴油报国的理想信念加入工程院，全方位的培养让他从初出象牙塔的博士生逐步成长为一名兼顾基础研究和钻井现场服务的复合型科研工作者。

名师带高徒，助力完成身份转变

工程院始终秉持"人才是创新的第一资源"的理念，高度重视青年员工的培养与发展。从入职初期就通过新入职员工培训挖掘青年员工内在潜力，全方位制定入职培养方案。为加速新入职员工完成从校园到职场的角色转变，工程院人力资源部精心推行"师带徒"培养机制，为每位新员工量身定制培养方案，选聘科研经验丰富、技术能力过硬的企业专家担任导师，通过"边干边学"的方式实现快速成长。

入职伊始，王宝栋便投身集团公司"十四五"关键核心技术攻关项目。面对"200℃/105MPa抗硫井下安全阀及封隔器研制"等重大课题的现场需求，剖析技术难点、推敲研究路线的过程让他深刻体会到工程科研与校园学习的巨大差异——科研必须"真刀真枪"地解决现场问题。结合王宝栋数值仿真技术的专业背景，工程院选派企业高级专家郭慧娟作为师傅对他进行悉心指导，开启了系统化的实践学习与能力锻炼。针对他初期遇到的困惑和现场知识短板，师傅引导他潜心钻研膨胀管仿真与优化、高温高压封隔器密封机理，以及高压闸板防喷器剪切性能提升等核心技术领域。王宝栋得以有效运用数值仿真等技术手段，深入揭示关键装备的设计优化机理，显著高效地提升了产品性能与可靠性（减少物理实验量40%以上），其解决现场生产问题的实战能力也在导师的引领下渐入佳境。

项目历练促成长，青年骨干勇担当

为加速青年员工成长，工程院始终推行"人才+项目""人才+

工程"的人才培养方针，大力搭建项目平台，鼓励青年员工在重大科技攻关中"挑大梁、当主角"，充分利用五大靠前支持项目部，安排青年骨干人才长时间深入油田钻探生产一线，通过不断解决重大现场难题，成长为"科研+生产"复合型人才。

经过在油田钻井现场的学习和锻炼，王宝栋基于长水平段管柱下入过程中"现场参考依据少、施工风险高"的工程难题，在院所直属基金课题的支持下，主动请缨担任课题长，牵头开展"基于数值算法的管柱下入动力学建模技术"研究。他带领团队成功建立了钻井管柱动力学仿真模型，实现对管柱下入性的评价与分析，并将其应用于我国首口千米级膨胀管井筒重构水平井（新疆油田 MaHW6274 井）的全过程分析，为这一重大工程的顺利施工提供了关键保障。依托项目平台，王宝栋充分发挥其数值仿真技术专长，深度参与膨胀管技术攻关，系统开展了膨胀管服役性能评价、膨胀工具优化设计及下入过程模拟等研究，为工具研发与现场应用提供了坚实的理论支撑，有力推动了膨胀管

王宝栋在新疆油田 MaHW6274 井作业现场

技术的工程化进程。

工程院积极推进"人才+工程"培养方针，王宝栋在钻井机械研究所实行膨胀管技术矩阵化管理中担任膨胀管裸眼封堵技术负责人。他视此为"扎根现场、锤炼本领"的宝贵机遇，从方案设计、工具测试到现场施工组织全程钻研学习，全程参与膨胀管裸眼封堵技术的研发与现场应用。在所内专家的悉心指导下快速成长，成功组织裸眼封堵技术现场应用4井次，应用长度超1850米，并一举刷新膨胀管下入深度（6170米）、单次作业长度（838.18米）、作业温度（145℃）等多项国内施工纪录，成长为能够独当一面的现场技术服务人员。

平台赋能育英才，全面发展显担当

工程院始终注重青年人才的全方位培养，在锻炼员工科研能力的基础上，提供多维发展平台，助力青年员工提升综合素养。王宝栋把握工程院的广阔平台，依托国际合作项目，积极与法国巴黎矿院、沙特阿美石油公司等国际顶尖科研机构科研人员开展合作研究，深入交流国际前沿技术，拓展国际视野。工程院为员工提供广阔的同行交流平台，王宝栋连续3年担任CIPPE石油装备展技术宣讲人，向全球行业伙伴推广工程院石油工程数值仿真与膨胀管特色技术，助力工程院获得全国首批制造业数字化仿真指导级（L3）水平（国内最高）认证。

在工程院的全面培养下，王宝栋已经成长为"红工衣+白大褂"的复合型科研人员。"人才+项目"的培养，让他能够勇担重任，深入探索钻井难题的科学机理，"人才+工程"的锻炼，让他能够扎根

王宝栋与沙特阿美公司 Expec ARC 钻井部门交流

钻井一线,准确把握现场技术需求。王宝栋正在用爱岗敬业的态度,刻苦攻关的作风,扎实地走在科研道路上,为集团公司建设基业长青世界一流综合性能源公司贡献着青春力量。

创新营销

生逢新时代　奋斗正当时

燃料油有限责任公司

　　顾思远，女，2021年毕业于伦敦大学国王学院金融学专业，硕士研究生学历，中共党员，现在浙江自贸区中石油燃料油有限责任公司（以下简称浙江自贸区公司）油库管理岗位工作。自入职以来，先后在浙江燃料油购销执行岗、大货贸易岗等锻炼学习。获得中石油燃料油有限责任公司（以下简称燃料油公司）2022年度优秀青工、浙江自贸区公司2022年度青年岗位能手等荣誉称号。

顾思远参加燃料油公司2024年英语演讲比赛

顾思远自 2021 年 9 月入职燃料油公司以来，其快速成长的轨迹，正是燃料油公司高度重视青年人才培养，注重"引才、育才、用才、成才"的生动写照。

初入职场，筑基塑能

燃料油公司高度重视青年人才队伍建设，精心制定《新入职员工基础培养方案》，对所有新员工实施"全周期培养计划"。顾思远作为新员工，被纳入这一整体培养体系，按照计划要求，必须在多个关键岗位轮换历练，确保一线岗位锻炼时间不少于 6 个月。她的职业起点被安排在浙江自贸区公司购销执行岗。此时正值浙江自贸区公司承担低硫船用燃料油统购统销的关键任务。面对全新的业务领域和复杂的贸易模式挑战，顾思远没有退缩，她深入研究不同贸易合同条款（如 FOB、FCA、ITT、DAP），对比差异，识别风险点，在保障业务顺畅的同时竭力维护企业利益。通过反复摸索和向经验丰富的同事请教，她成功完善合同模板，使之更规范、标准，并系统梳理了主要运输方式的运费、保费及风险转移规则。同时，她刻苦钻研报检报关流程，克服对业务不熟悉等挑战，准确处理不同海关的复杂手续，保障了业务的顺畅运行。在统购统销业务转向大物流集中配送后，她积极协调物流环节，确保资源高效装船与配送，助力这项新业务逐步走向成熟稳定。这段宝贵的基层实践经历，让她深刻体会到"纸上得来终觉浅"，唯有脚踏实地在业务一线摸爬滚打，才能真正理解企业运行的逻辑，筑牢业务根基。

导师引路，多维赋能

燃料油公司多年来持续开展"师带徒"人才培养，为新员工配备经验丰富的业务骨干担任导师，进行"手把手"的专业指导和经验传承。这一机制贯穿顾思远成长的每一步。在购销执行岗初期的迷茫时刻，是导师的点拨让她迅速理清了复杂贸易模式的脉络。当浙江自贸区公司基于她在统购统销岗位展现出的责任心、专业素养（特别是金融学背景优势）和潜力，根据培养计划将其轮换至更具挑战性的大货贸易岗（侧重外采外销）时，新的难题接踵而至——灵活多变的计价期与现有 ERP 系统逻辑存在冲突。面对这个影响日常结算效率和准确性的瓶颈，顾思远并未孤军奋战。她积极运用燃料油公司提供的平台，一方面主动请教贸易经验丰富的老员工，另一方面密切与财务部门沟通探讨。在业务导师和财务同仁的共同支持下，他们创新性地提出"适时录入＋月底冲销"的解决方案，有效兼顾了日常业务效率和月度结算准确性要求，顺畅解决了 ERP 系统与实际业务脱节的问题。这段经历让她感悟到，个人的成长离不开企业的支持和团队的协作，导师的指导和跨部门的合作是突破瓶颈的关键力量。

挑战升级，砥砺强能

随着顾思远的成长，浙江自贸区公司根据她在数据敏感性方面展现的潜力和复合人才培养方向，结合轮岗计划，安排她承担油库管理岗职责，这是其培养路径上的又一次关键历练。这项工作对协调能力和油品知识储备要求极高，如何平衡终端供应与船舶卸货、如何提升油库周转效率等都是全新课题，尤其是油品计量知识成为她的短板。

面对全新的挑战，顾思远深知这是企业提供的又一次宝贵"练兵"机会。她秉持"实践是最好老师"的信念，坚持每月底坚守在油库现场监督商检计量，虚心向油库一线前辈和调和岗同事求教管线数据、密度检测、泵速控制等专业知识，快速弥补了知识盲区。在企业的扶持和同事的帮助下，仅用时半个月，她就能高效协调采购端、销售端和油库运营，确保资源"紧平衡"，有力支持了高低硫燃料油调和任务的完成，显著提升了油库的运营效率。这段深入生产一线的实践，让她更深刻地理解了"一线是智慧的源泉"，只有沉下心向实践学习、向基层师傅学习，才能练就解决复杂问题的真本领。

拓宽视野，乘势拓能

燃料油公司鼓励青年员工持续学习，发挥专业所长。浙江自贸区公司领导班子结合顾思远金融学专业背景，鼓励她发挥专长，学习期货知识，为企业套期保值业务贡献力量。这并非脱离岗位的额外任务，而是企业培养复合型人才、盘活现有人才资源的战略举措。顾思远积极响应，在完成本职工作的同时，投入期货知识学习。在业务导师的悉心指导下，她逐步参与到期货交割、期货仓单买卖等具体业务中，梳理优化交割流程，为拓展资源渠道、实现降本增效贡献了专业力量。这让她体会到，企业不仅关注岗位职责的履行，更重视个人潜能的挖掘和长远发展，鼓励学以致用，实现个人价值与企业发展的同频共振。

拥抱变革，担当育能

随着浙江自贸区公司终端加注业务扩张，需要壮大接单员队伍。

2024年初，基于顾思远在多岗位锻炼中积累的丰富业务经验和展现出的学习适应能力，浙江自贸区公司决定让她开始接触并学习船用燃料油终端加注接单员工作。这是一个对市场敏感度、反应速度和客户沟通能力要求极高的岗位。面对全新的"战场"，浙江自贸区公司再次启动"师带徒"机制，为她精心匹配了经验丰富的业务骨干作为导师，帮助她快速掌握市场动态研判、客户沟通技巧等核心能力。顾思远以饱满的热情投入新岗位，主动学习市场与客户，钻研航运知识，努力克服新挑战，积极拓展战略客户。每一次岗位的转换，都让她更深切地感受到企业在人才培养上的前瞻布局和良苦用心，也坚定了她在实践中不断"壮筋骨、强本领"，以担当回报企业信任的决心。

顾思远的经历充分证明，燃料油公司构建的"全周期培养、多岗位历练、双师制护航、学用结合赋能"的系统化青年人才培养机制，是青年员工快速成长、脱颖而出的沃土。从购销执行到外采外销，从油库管理到涉足期货、接单，她的每一步成长都深深烙刻着企业精心设计的培养路径和提供的坚实支撑。正是在这样的机制保障和信任托举下，顾思远得以直面挑战，将个人所学融入企业发展洪流，实现从"职场新人"到"业务多面手"的蜕变，生动诠释了个人奋斗与企业发展"双向奔赴"的深刻内涵。

强基固本 向成长为"四懂一会"营销人才持续奋斗

华南化工销售分公司

青苗之始

刘俊良，男，2022年毕业于中国石油大学（北京）化学工程专业，硕士研究生学历，中共预备党员，现在华南化工销售南宁分公司（以下简称南宁分公司）客户经理岗位工作。自入职以来，先后在华南化工销售分公司（以下简称华南化工销售）物流部仓储管理岗，南宁分公司业务经理助理、客户经理岗位等锻炼学习。获华南化工销售首届青年岗位基本功大比武之业务基本功答题一等奖、模拟期货技能比武一等奖、2023年度优秀共青团员等荣誉和奖项。

深化制度引领，助力成长成才

华南化工销售始终将对新入职员工的培养作为企业高质量发展和人才梯队建设的基础性、战略性工作，制定《新员工培养工作方案》，设计"轮岗实习锻炼—综合素质提升—职业能力培养"的三步走成长路径，建立起新入职员工培养评价全链条机制。通过完善"双导师带徒"日常学习制度，举办中青年业务骨干培训、新入职员工大庆精神铁人精神专题培训、营销能力提升岗位轮训，开展青年岗位基本功大比武、新入职员工培养工作座谈会等多种方式，全方位、多角度搭建学习交流平台，为新入职员工成长成才加油充电。

深挖岗位基础，注重自我提升

自 2022 年起，华南化工销售结合组织机构改革实际，安排新入职员工赴基层业务单位见习前先到市场运营部、物流部等支持部门进行轮岗，旨在让新员工全面了解专业线相关的产品计划、运输协调、发运审核、仓储配送等业务全流程，为成为"一岗精、多岗通"的营销业务骨干打牢专业基础。

轮岗实习期间，刘俊良将"四懂一会"作为奋斗目标，苦练基本功，结合物流、销售等岗位工作实际，全面学习理解华南化工销售的发展战略、产品特性、营销方针、规章制度；刻苦钻研、精雕细琢新营销模式和期货操盘技能，在华南化工销售首届青年岗位基本功大比武活动中，斩获业务基本功答题及模拟期货技能比武"双第一"，展现了过硬的理论功底和实践能力。他持续加强政治理论学习，积极向党组织靠拢，在云梦泽智慧平台上线、市场大走访大调研等重点工作任务面前主动请缨、攻坚克难，以实际行动响应华南化工销售建设千万吨级化工销售标杆企业的冲锋号角。

深耕渠道研究，助力项目创效

为适应广东石化投产后销售规模翻番的实际，华南化工销售提前筹划、优化销售工作，于 2022 年 9 月起率先在广西石化聚丙烯拉丝产品试行"周均价结算＋全配送业务"。由于该销售模式是首次在企业内推广，可供参考的经验较少；又肩负着新模式"试验田"和"排头兵"的重任，时间紧、任务重、要求高。结合培养工作方案，华南化工销售在组建专项工作小组时安排新员工加入，通过项目攻关培养其创新思维和团队精神，并针对性提升市场分析能力、沟通协调能力和归纳总结能力。

作为青年党员，刘俊良在工作小组中充分发挥了"生力军"和"突击队"作用，在业务师傅的悉心指导下，通过集中开展配送流向分析，完成对广西壮族自治区14个区域、50余家终端工厂销量占比的分析统计，全面摸清下游渠道情况，协助业务小组迅速打通业务流程，打响华南化工销售推行新营销模式的"第一枪"，为制定《广东石化和吉化揭阳项目合成树脂产品定价方案》，开展广东石化、吉化揭阳及广西石化炼化一体化新项目产品销售新模式的运行提供了宝贵的实践经验。

经过1年多的运行，新销售模式试点的成效逐步显现。2023年度，南宁分公司累计开具广西石化聚丙烯拉丝产品销售订单4.99万吨，同比增长162.60%；处理大宗销售订单5单，订单结算1230余单，同比增长207.50%；实现吨产品毛利103元，创效678.31万元。

深入学习拓展，做好分析服务

见习期结束后，华南化工销售结合经营管理实际、员工表现和个人职业生涯规划，将刘俊良安排在聚丙烯产品业务经理助理岗位进行专项"墩苗"锻炼。同时，针对其业务水平和岗位能力上存在的不足，明确了"日常工作积累+重点任务锻炼+专业培训赋能"的培

创新营销

刘俊良在分享研究成果

养思路，以点带面、三位一体，切实提升专业素养和能力。

作为华南化工销售选派的首期营销岗位能力提升轮训班学员，刘俊良通过3个月的轮训，深入学习生产工艺全流程、主要化工产品性能指标、有关营销政策与制度，走访调研下游客户产品应用情况，全面掌握相关产品特性与加工生产全链条机制，直观感受石油精神在炼化战线的生动实践，充分探讨销售过程中存在的不足与进步方向。在培训过程中，他做到结合工作实际主动思考，编写《PP专用料产品手册》，为销售人员服务聚丙烯产品客户提供了可靠的参考。

刘俊良深入贯彻落实华南化工销售关于持续加强市场走访的有关要求，以拓展桂北市场为重点，以聚丙烯拉丝产品工厂走访为主线，围绕产销衔接、原料保供和做大区域市场等方面与终端展开深入交流，了解工厂的订单及需求情况，着力拓宽销售渠道。累计走访调研终端工厂、贸易商客户40余家，协助拓展贸易商客户1家，开发工厂客户1家，为南宁分公司营销策略制定和客户开发收集了一手资料。

刘俊良持续开展经济活动分析，每月通过深入分析11项统计经营指标数据为华南化工销售在新市场形势下发掘业务缺口、找准销售方向、推动精细营销提供了有力支持。自2024年11月起，刘俊良分别在兰州和广州参加华南化工销售大集中ERP上线集中办公和高强度用户接受性测试工作。以"任务不歇人不退"的劲头，与办公团队通宵工作、连续奋战，为华南化工销售实现数据零差错迁移、成功上线大集中ERP贡献了青年力量。

结合广西石化二期项目进入预试车阶段的工作实际，自2025年起，刘俊良独立负责南宁分公司聚丙烯共聚及橡胶产品销售工作，并入选华南化工销售广西石化炼化一体化转型升级项目准备工作青年突击队，开展专项工作。华南化工销售以"压担子"的方式助力积累经验、加速成长，为其成为"懂市场、懂生产、懂技术、懂加工、会服务"的营销业务骨干人才而持续加大培养力度。

做潺潺流水
与时光一道流过西南山川每一处湖海

西南化工销售分公司

黄正，男，2020年毕业于东北石油大学高分子材料与工程专业，大学本科学历，现在西南化工销售分公司（以下简称西南化工销售）所属四川分公司客户经理岗位工作。入职后，曾在四川石化生产三部PX抽提装置、生产四部乙烯裂解装置、生产五部高密装置、生产六部橡胶后处理装置生产实习，在西南化工销售湖南分公司从事营销业务。荣获全国石油石化行业管理创新优秀论文二等奖，2023和2024年度集团公司优秀共青团员，2023年度西南化工销售优秀共青团员。

"流水不争先，争的是滔滔不绝"。这是参加集团公司首届新员工培训时，老师和同学提到的一句话。黄正作为2021年入职的员工，如今已入职近5年。当时只道是寻常。这既是他最真实的工作心态写照，也是对他工作经历最好的解答。

组织制度保障，护航成长步伐

西南化工销售从新员工职业发展考虑，制定了三年培养计划，分入职培训、炼厂实习、岗位锻炼、企业培养4个阶段，为新入职员工量身定制学习和实践计划，期间配备"思想+业务"双导师指导。

入职初期，西南化工销售设计了为期5天的入职培训，以"青春启航之旅、职业安心之旅、保驾护航之旅、能力提升之旅、实践平台之旅"5个模块，量身定制24项学习课程，邀请不同部门的年轻干部和业务骨干授课分享，与集团公司新入职员工集中培训形成优势互补，帮助黄正了解企业文化、迅速融入团队、熟悉管理流程、激发职业潜能。

随后，西南化工销售安排他在四川石化参加生产实习，并联系了经验丰富的炼化外操师傅作为导师一对一指导。通过8个月的炼厂实习，黄正掌握了测泵采样、裂解炉点火、蒸汽管道排气、防爆检测等生产操作技能，从中也学习到西南化工销售所销售的产品从何而来，为后期投入销售工作，快速理解产业链全流程、应急处理产品质量问题积累了宝贵经验。在此期间，他还积极参与处置了一次急冷油泄漏风险作业，在实践中深刻领悟以"苦干实干""三老四严"为核心的石油精神，得到实习单位的高度认可，并在实习期间被评为集团公司首届新员工培训优秀学员。

完成炼厂实习回到西南化工销售后，企业结合他所学专业，安排其在销售业务岗位开展为期1年的岗位锻炼，与经验丰富的业务骨干签订"师带徒协议"，制定涵盖日常销售、数据分析、市场调研等多个领域的系统培养计划。不到 1 个月，师傅外出学习，他就独立顶岗。面对不熟悉的产品牌号和生疏的销售业务，他始终坚持勤学多问，随身携带的笔记本上的每一条学习记录，都是他学习、思考、实践形成闭环的最好证明。在负责湖南低压产品线销售业务时，他不怕辛苦开展拉网式地毯调研，以市场数据为基础，结合资源库存，研讨营销策略，统筹布局产品线销售，对重难点产品提出"一厂一策"专销建议，最终实现低压产品量效同期对比增长 20%。这也是黄正第一次体会到，企业给予平台，自己付出努力，取得成绩后的幸福感和获得感。

2 年时间，黄正经过入职培训、炼厂实习、岗位锻炼三个阶段的学习实践，已经成长为一名优秀的客户经理。鉴于他良好的工作表现，西南化工销售决定给予他更大更高的平台，派他先后参与集团公司"云梦泽智慧平台系统项目""大集中 ERP 项目 MDG 物料主数据贯标""大集中 ERP 系统上线"等专项工作，多次赴兰州和北京等地集中办公，在企业数字化转型工作中开阔眼界、提升能力。

西南化工销售的三年培养计划为黄正奠定了坚实的职业基础，但其职业发展才刚刚开始，未来要持续突破能力边界，在化工营销、数字化转型、管理变革中发挥更大价值，真正实现"个人成长与组织战略共生共荣"。

个人主动突破，锻造核心竞争力

黄正到湖南分公司完成岗位锻炼后，以客户经理身份投身市场一线，在西南区域能源市场变革期主动承担战略攻坚业务。2023 年，广东石化产品首次配置西南区域，四川分公司安排他负责"开荒"工作。为了能尽快承接好配置资源，打通产品维护、订单下达、物流运输的相关流程，他连夜梳理市场调研数据、多方联系下游渠道对接资源，与华南化工销售、昆仑数智项目组等单位多次沟通，终于打通了订单全流程，于 2023 年 7 月实现广东石化产品在西南化工销售的首单销售。担任客户经理期间，他对所负责的客户除了给予优质的售后服务，还经常提出专业的市场行情指导意见，部分客户等级从 A 类成长为 3A 类，为企业客户渠道建设，增量增效做出了积极贡献，他也在攻坚克难中不断增强核心业务能力。

积极拓展边界，提升个人综合素质

主营工作之外，他始终以"三劲合一"的奋斗姿态展现青年担当，既保持着"逆水行舟，不进则退"的闯劲，又秉持"文经我手无差错，事交我办请放心"的韧劲，更以"锐意进取开拓者"的姿态不断自我突破。作为西南化工销售重点培养的青年骨干，他主动融入组织建设，从"青年素养提升座谈"的理论浸润，到"法制在我心中演讲"的实践锻造，再到"企业文化宣传"等活动的沉浸式参与，始终以主人翁姿态活跃在各类平台。

尤其在企业文化建设中，他勇挑重担担任四川分公司文艺汇演策划，从节目编排到舞台设计全流程主导，既做"编导"又当"导演"，打造了展现企业精神的精品节目。这种"低头深耕不惧苦，匠心筑梦勇担当"奋斗姿态，在 2023 年西南化工销售团委"青春心向党 思辩赢未来"辩论赛中结出硕果——凭借严密的逻辑构建、生动的案例举证和沉稳的临场发挥，黄正获"舌战群儒"最佳辩手的称号。

经过4年的历练，黄正从一名职场新人成长为独当一面的业务骨干。他将继续秉持"流水不争先，争的是滔滔不绝"的信念，以专业能力深耕医用料、专用料市场开发，以创新思维推动金融服务升级。站在企业"三年培养计划"打下的坚实基础上，他将持续突破数字化转型与营销变革中的能力边界，用实际行动诠释"个人成长与组织战略共生共荣"的发展理念，为西南化工销售公司建设世界一流化工销售企业注入青春动能。

青春在奋斗中闪耀

东北销售分公司

青苗之始

杨博，男，2022年毕业于渤海大学物流工程与管理专业，硕士研究生学历，工程师，中共党员，现在东北销售分公司（以下简称东北销售）所属广州分公司结算岗位工作。入职以来，分别在东北销售南沙油库实习岗、东北销售配送中心和广东石化业务部综合管理岗、公路稽核岗、结算岗等岗位锻炼学习。先后获得集团公司第三届创意大赛数字化专业一等奖、2022年新员工入职培训优秀学员、东北销售2022年4季度五星党员、2022—2023年度优秀共产党员、2023—2024年度优秀员工等荣誉。

东北销售遵循人才成长规律和新入职员工自身特点，打造了以职业生涯规划为中心，以学习、实践、跟踪为主要培养方式，以储备库为培养重点的"1+3+1"新入职员工培养模式。在创新的培养模式下，优秀的青年人才如杨博一般争相绽放。

职业规划，在路径中成长

2022年7月，刚入职的杨博在东北销售的职业生涯规划指导下，经过充分适配个人与企业发展目标,确立了仓储调运专业的职业发展路径。在与发展指导、专业培养和岗位培训"三导师"签订"师带徒"协议后走上了油库实习岗,扎根基层,抓住一切可以学习的机会,时时向老员工请教,日日到油库现场走线观察,在3个月的时间里完成了操作规程管线工艺编制,解决了库区监控、通信设备断路、自助终端机故障等问题,对库区管线工艺、自控系统、115台监控及网络设备有了全面的掌握。

2022年12月,完成基础培养的杨博被选派到行业前端验证、实践所学专业,投入到广东石化投产保障计划中。他带着青年党员扎根"大南海",与专班组和部门其他同事一起,梳理业务流程,聚焦投产运行后可能出现的堵点、难点、焦点,编制并推演百余种不同场景下成品油出厂保障方案,历经180余天的拼搏努力,实现首车、首船成

杨博在现场调试设备

功发运，助力广东石化一次开车成功，所在的团队荣获集团公司优秀青年突击队称号。

2025年，完成行业全链条学习的杨博俨然已经对业务流程得心应手，恰逢大集中ERP上线，为了在业务流程末端验证他所学业务知识及相关业务流程的串联能力，东北销售选派他加入大集中ERP上线保障团队。面对项目实施中的技术难题和挑战，他凭借丰富的经验和不懈的努力，逐一解决难题，完成销售模块的数据完善和复杂场景测试，为大集中ERP顺利上线提供有力保障。同年5月，为配合第三批上线炼厂和东北销售所属分公司顺利切换，作为专班人员为上下游单位提供技术支持，保证了所负责的广东石化和华南3省企业完成上线切换，获评为东北销售5月份关键用户月度之星。

岗位历练，在实践中学习

遵循东北销售对新员工多岗位历练要求，杨博先后从事综合管理、党建宣传、公路运费稽核、油品结算等工作。在综合管理岗工作期间，在对日常工作全面掌握的同时还完成《业务运行工作手册》《业务运行制度手册》的编制工作，协助完成原油市场和商情分析。在担任党支部宣传委员期间，组织党课、集中学习、主题党日、党员大会等各类学习及教育活动50余次，宣传材料数量、质量持续提升，连续2个月获得广州分公司宣传工作考核第一名。在公路运费稽核岗工作期间，杨博仅用15天就完成广东、江西、福建、中油碧辟1295座加油站到南沙油库、广东石化等12座油库和炼厂的运距测量与结果优化工作，运距测量条数共计15500条，选取最优提油站点276座，推动了华南地区物流的优化。在结算岗工作期间,共完成油品结算 3500 余笔约 750 万吨,出色地保证了油品结算的时效性和准确性。

重点培养,在项目中绽放

入选优秀青年人才储备库的杨博不断获得专项交流、项目历练机会,2023 年 5 月开始,杨博先后被选派到广东石化首站、揭阳联通管道项目部、国家管网华南分公司、中国石化广州分公司和国家管网油气调控中心针对管道建设、油品串换等内容进行了深入的交流学习。期间针对管道建设情况及建设中存在的问题,与国家管网华南分公司、揭阳联通管道项目部及广东石化工程部共计沟通对接 60 余次,初步建立了信息共享沟通机制,编制广东石化与国家管网华南分公司互联互通情况周报 19 期、东部管网联通建设情况周报 40 余期,保证了广东石化管道建设的正常进行。

2024 年 10 月,在集团公司第三届创意大赛数字化专业比赛中,杨博及其团队过关斩将,在 180 余支参赛队伍中脱颖而出,领衔的

杨博参加集团公司第三届创意大赛数字化专业比赛

"数智化销售企业留样管理系统"项目,以总分第三名的成绩荣获数字化专业一等奖。

青春,如同一颗璀璨的宝石,闪耀着无尽的光芒。它不仅仅是一段年华,更是一种奋斗的精神,一种追求理想的决心。正如那句名言:"'青春是奋斗的时光,而非蹉跎。'我们应该珍惜青春,把握住青春的尾巴,让青春在奋斗中闪光,让青春随'宝石花'一同绽放。"青年突击队队员杨博讲述着自己来时奋斗的青春路。

尊德行而道问学 励青春以践知行

广东销售分公司

青苗之始

  黄益淳，女，2022年毕业于南洋理工大学管理经济学专业，硕士研究生学历，共青团员，现任职于广东销售分公司（以下简称广东销售）市场营销部零售运营管理岗位。入职以来，先后在广东销售广州分公司赤沙加油站、储运分公司东莞建兴油库轮岗实训，后在广州分公司综合办公室和业务经营部开展实践锻炼。先后获得广东销售2022年度非油主题营销活动陈列优化技能赛个人展演优秀奖、2023年度中国石油企业协会石油石化企业管理现代化创新优秀论文一等奖、2024年度中国石油企业协会石油石化企业管理现代化创新优秀论文三等奖、2023年集团公司优秀共青团员等荣誉和奖项。

  广东销售锚定提质增效和高质量发展两大目标，将对新员工重点跟踪对象的培养融入主营业务。坚实以强化营销工作系统化理论认知为基础，以市场营销工作为兴趣点和动力源，督促青年人才以学促干，以干验学。

知行合一：在系统化培养中筑牢职业根基

入职以来，黄益淳在广东销售"理论—实践—创新"三位一体培养体系中稳步成长，按"油站—油库—本部"三级轮岗计划，积极跟随多位业务导师完成在库站等基层岗位实践轮训。轮岗期间，黄益淳主动拓展工作边界，以销售从业者与消费者双重视角深度调研业务场景，参与短视频带货、便利店直播、燃气证办理、单品类考核方案编制及油站迎检等工作，期间获广东销售2022年非油主题营销活动陈列优化技能赛个人展演优秀奖。在云南西福路加油站学习过程中，协助完成"拓展营销的边界——地摊经济"课件的编写。宝贵的实践经验为她后续的工作打下了坚实的基层经验基础。

黄益淳在赤沙加油站轮岗实习

破局攻坚：在创新实践中淬炼专业锋芒

2022年10月，黄益淳临危受命代表广东销售参加集团公司第二届创新大赛，当时正处于广州海珠区疫情最为严峻的时期，即将面临全区封控管理，她没有因为困难而退缩，反而积极想办法解决，借住到疫情平稳地区，开始自学应用软件、啃书本、撰写比赛材料。作为职场新人，无疑压力巨大，但是黄益淳迎难而上，最终为广东销售斩获第二届创新大赛油气销售专业三等奖的成绩。

2023年，黄益淳受聘为广东销售劳模创新工作室辅导师，更加积极地参与加油站优化创新提升技术的研究、实践与总结，其研究成果获2023年度中国石油企业协会石油石化企业管理现代化创新优秀论文一等奖，该论文2024年3月发表于《车用能源储运销技术》期刊。2024年她又积极参与到加油站一线巡诊优化项目中，为管理创新持续贡献智慧。

初心如磐：在思想淬炼中彰显青年担当

广东销售将青年人才思想政治教育融入成长全周期。黄益淳跟随广东销售党团组织，积极参与党组织的各类学习实践活动。以习近平新时代中国特色社会主义思想为指引，在工作岗位和日常生活中，能够勤奋刻苦、勇于担当、甘于奉献，模范履行团员义务，主动独立组织召开示范性团组织生活会、广州分公司团员大会、与中国联通青年联谊等多次团组织活动，获得内部员工和外部企业的一致好评。同时积极参与广东销售举办的各种文体活动，参演的作品获得了"二十大引领新航向，二十年征程再出发"优秀节目奖。她时刻坚定共青团员使命，充分体现党的助手和后备军的先进性与战斗力，于 2024 年 4 月获得集团公司 2023 年优秀共青团员荣誉称号。

在广东销售"人才强企"战略的引领下，黄益淳以组织培养为基石，实现从职场新人到业务骨干的蜕变。这一过程既彰显个人"尊德行而道问学"的奋斗精神，更印证了组织培养体系对青年人才成长的重要作用。未来，随着广东销售"稳油、增气、强非、快电"发展战略的持续推进，将有更多青年人才在组织搭建的广阔平台上，书写"履践致远"的时代答卷。

青春逐梦　砥砺前行
卓越篇章正开启

四川销售分公司

青苗之始

陈灵杉，女，2023年毕业于西南财经大学国际贸易学专业，博士研究生学历，中共党员，中级政工师，曾获博士研究生国家奖学金，获评西南财经大学优秀共产党员等荣誉称号。自参加工作以来，在四川成都销售分公司（以下简称成都分公司）业务经营部非油业务室轮岗实习，期间抽调至中国石油管理干部学院（广州）参与非油营销人才培养暨岗位认证体系项目建设。现任青羊中心站光华加油站副站经理（大学生副巴长）。

奋斗铸造荣耀，新星闪耀职场。她是职场新秀，是四川销售分公司（以下简称四川销售）招聘的第一位应届博士毕业生。在四川销售这片充满机遇与挑战的沃土上，得益于企业系统化的人才培养体系和广阔的发展平台，她正以实际行动，一步一脚印，一目一坚定，不断积累经验，锤炼技能，书写着属于她的卓越成长之路。

初心不改，多元岗位锻炼提升

按照四川销售"双挂双培一跟踪"培养模式，成都分公司为新员工搭建了"3+1+2+6"的大学生轮岗实习平台，即按照"老带新"培养方式和系统性培训安排，新员工需到基层进行为期1年的轮训学习，其中，在本部相关部门进行3个月的挂职学习，了解企业概况及相关业务内容、流程等；挂职期满后，到加油站的加油员、综管员、站经理岗位分别进行1、2、6个月的轮训学习，进一步熟悉站点巴运营管理各环节。陈灵杉在多岗位轮训期间展现出了较强的适应能力和学习能力，在较短时间内，迅速掌握了商品管理、账务核对、订单调拨、盘点情况分析、经营活动分析等相关工作流程和方法规范，通过参与各类会议、培训，不断学习和实践，持续提升自己的业务能力和综合素质，逐渐成为非能源业务线的重要新生力量。按照四川销售人才下沉培养路径，她主动申请到基层一线，学习加油站各项操作规程、业务流程，只为备足后劲，行稳致远。

肩负使命，项目建设成果丰硕

综合陈灵杉在读研与读博期间具备较为丰富的项目工作经历实际，结合其在非油业务室的工作表现，在四川销售的支持与成都分公司的推荐下，陈灵杉代表四川销售参与由中石油昆仑好客有限公司牵头的非油营销人才培养暨岗位认证体系项目建设。项目共2个阶段，历时69天，在项目组前辈的悉心指导和四川销售提供的学习资源支持下，陈灵杉不辱使命，通过分层级梳理非油专业线全流程的工作任务、专业素质要求等内容，与团队通力合作，搭建一般管理人员和加油站站经理 2 类岗位职级的课程开发手册，开发初级人员相关课程 12 门、线上微课课件 26 个，编辑配套题库 600 余题。其中，她独立承担管理人员岗位微课录制与剪辑的全方位职责，制作完成线上微课 16 门，并主动请缨担任项目组宣传委员，录制、剪辑制作了项目全过程的总结回顾视频，在项目的关键汇报节点上多次播放和展示，为集团公司非能源业务发展贡献了力量，也彰显了四川销售为新人提供重点项目历练平台的价值。

陈灵杉在录制线上微课

勇于创新，强企发展贡献力量

作为成都分公司的重要新生力量，陈灵杉积极融入企业创新工作体系，参与多项创新议题，保质保量完成 5 项非能源提升方案，包括成都分公司非能源项目制实施方案、非能源业务基础管理提升方案、大客户服务中心试点实施方案、非油业务室 2024 年高质量经营方案、非油业务室 2024 年费用优化管理方案。在基层工作期间，陈灵杉积极发挥经济学专业优势，负责青羊中心站损耗分析专项工作，利用加管系统 3.0 及损耗管控一体化平台，起草青羊中心站损耗标准化管理指导方案，为企业集约式运营、健康可持续发展添砖加瓦。

严谨细致，材料撰写精益求精

结合四川销售"注重新员工在疑难、吃劲工作中挑大梁"的培养导向，除了专业线相关工作外，陈灵杉也主动参与承担部门多类重要文字材料的撰写与编辑，她的文案条理清晰，逻辑严密，为成都分公司生产经营例会、经济活动分析会、非能源业务推进会、年度工作会等各项会议提供了专业文稿支持。

陈灵杉自入职以来，始终秉持着严谨务实、勇于创新的奋进姿态，在工作中不断提升自我，踊跃参与强企建设，传递正能量，影响和带动身边的同事共同进步。她的成长案例，是个人不懈奋斗的成果，更是四川销售系统性人才培养机制的生动体现，充分展示了新入职员工在企业中的快速成长和卓越表现，全面展现了新一代青年的优秀品质和职业素养，为广大员工树立了良好榜样，也为组织持续优化人才发展生态提供了成功经验。

破浪前行　争做市场营销攻坚先锋

安徽销售分公司

  徐冉，男，2021年毕业于东北大学机械工程专业，本科学历，共青团员，现在安徽销售分公司（以下简称安徽销售）市场营销部客户与价格岗位工作。入职以来，先后在储运分公司大兴油库学习接卸、计量、化验工作，并参与油库日常管理；2024年开始在市场营销部加油卡（券）管理、客户与价格管理等岗位轮岗锻炼。

  为落实企业青年人才储备战略，安徽销售将新员工培养作为"人才队伍接替专项工程"的重要任务，针对大学生制定"一线实践＋岗位赋能＋项目攻坚"三段式培养方案，旨在通过系统化培养，推动青年人才将理论知识转化为实战能力，打造兼具专业素养与创新精神的复合型人才。

  一线深耕，筑牢业务根基

  2022年8月，徐冉正式成为一名新安徽销售人。在完成入职培训后，于大兴油库开始基层轮岗，系统学习油品接卸、计量、化验、统计换票等油库基础业务，期间参加安徽销售职业技能鉴定考试，取

徐冉参加消防技能大练兵

得油品分析工中级职业资格证。参与日常车船接卸作业，熟悉油船靠泊检查、管线连接等标准流程；协助完成油库库存盘点工作，确保账实相符率100%。

在一线岗位轮岗完成后，徐冉开始参与油库日常管理，协助做好安全应急工作，开展日常安全隐患排查，期间配合完成合肥市健康企业项目评审，对照健康企业评分标准，精心组织筹备"五盒一档"材料，为油库每名员工建立电子健康档案，梳理完善油库健康管理制度、油库健康环境等资料，进一步提升对油库综合管理的认知与实践能力；做好安全月、消防月员工培训、应急演练，并编写《油库应急演练方案》，优化油品泄漏、火灾爆炸等6类应急预案的流程设计。在一次消防演练中，徐冉发现原有应急预案中"初期火灾扑救"环节耗时较长，提出"消防器材定位管理+班组分工优化"建议，将响应时间从8分钟缩短至5分钟。

在大兴油库安全生产标准化评审中，徐冉首次独立完成材料的准备、编制工作，从油库的组织机构与职责、安全生产目标、制度化建设、教育培训、现场管理、安全风险管控、应急管理、职业健康、设备设施、重大危险源监控等方面整体梳理了3年来油库的工作记录，评审首、末次会议均顺利进行，大兴油库也成功通过合肥市安全标准化评审二级认证。

徐冉在实验室工作

市场攻坚，创新营销模式

2024年进入安徽销售市场营销部后，徐冉首先接触的是加油卡（券）管理工作，在学习相关制度规定及系统操作的同时，徐冉在实践中学以致用，虚心向岗位人员请教，夯实专业基础，先后完成安徽销售加油卡（券）营销方案的制定与实施、业务风险的管控与核查、运行数据的清算与分析等具体工作，还全程参与了安徽省直单位公务车辆用油合作项目运作，从了解客户需求开始，几轮洽谈，最终敲定合作方案，并沟通协调信息管理部门与上级主管部门对"安徽公车信息数据平台"立项开发，目前平台已进入试运行阶段，该平台能够为政府单位提供公车实时加油数据，为政府单位对公务车辆精准管理提供了更加贴心、优质的服务，进一步稳定了客户。

在客户与价格岗位，徐冉紧紧围绕"稳量增效拓市，扩电提气优库"十二字方略，运用"客户生命周期管理"理论，初步建立直批客户细分模型，按客户性质、周期购油量、购油次数，将客户划分为"潜力型""成长型""成熟型"3类，并针对性制定开发与维护策略；建立直批价格趋势预测模型，精准研判市场走向。根据当期发改委公布价格、市场化价格、周边省企业直批价格、安徽省内主营单位及规模较大社会经营单位销售价格综合研判，通过加权计算确定当日安徽销售直批指导价格，以销售数量分档合理设置区间价格，形成完备清晰的直批价格指导体系，对安徽销售直批价格制定有较好指引效果；在市场观望情绪较重的时候，结合"直批业务线上化"战略，开展"柴油秒杀活动"。利用短信触达与 App 弹窗向客户推送活动信息。首次单场秒杀活动 4 小时内售罄柴油 8000 吨，较常规直批业务效率提升 3 倍，共开展 4 次柴油秒杀活动，累计销售 2.5 万吨柴油。

成长蜕变，展望未来

从油库一线到本部部门，从安全管理到批零一体业务，徐冉在多岗位历练中实现了从"职场新人"到"业务骨干"的蜕变。他始终保持学习热情，系统学习市场营销与数据分析课程，将理论知识转化为解决实际问题的能力。

在安徽销售 2025 年市场攻坚战中，徐冉作为"青年营销攻坚小组"成员，参与制定《市场营销攻坚方案》《纯枪汽油市场攻坚竞赛方案》和《百千万客户开发方案》，并提出"以站代库+小微配送"模式，在宿州、亳州等 5 个地市试点，通过整合低效站资源开展直批小微客户业务，单月新增直批销量1200吨。他主导的"客户开发与价格申请App"项目，客户经理及直批岗位人员已开始使用，上线后可提升客户开发效率40%，直批价格申请审批时间缩短50%。

正如徐冉在2024年度工作总结中所说："作为新时代石油青年，我将始终以'市场为导向、效益为中心'，在营销实践中锤炼本领，在创新突破中实现价值，为安徽销售打造'油气氢电非'综合服务商贡献青春力量。"未来，徐冉将继续深耕市场营销领域，在批零一体化、直批客户拓展等业务中勇挑重担，以实际行动践行石油精神，在企业高质量发展的征程中破浪前行。

科研创新与岗位实践并进
争做新时代石油销售后备军

山东销售分公司

管欣宇，女，2022年毕业于英国帝国理工学院土木与环境工程专业，硕士研究生学历，中共党员，现担任山东销售分公司（以下简称山东销售）所属济南公司第5加油站副站经理。参加工作以来，先后在山东销售枣庄公司第66、65加油站加油员、值班长、站经理助理，综合办公室党工团纪检岗，枣庄油库付油岗等岗位轮岗实习，在山东销售发展计划部培养锻炼。投稿论文获第二十二次全国石油统计学术研讨会一等奖、第十一届全国石油经济学术年会二等奖荣誉，参与编写图书《新能源与LNG建设运行300问》并获评集团公司两级机关服务基层优秀案例。

山东销售以全局角度和战略高度来抓好新员工培养工作，制定了三个阶段的目标任务要求，通过轮岗锻炼、库站和两级本部交互式培养、导师动态跟踪、定期考核、纳入山东销售青年人才培养数据库等方式，促进新员工多方位、多岗位积累管理经验，助推新生力量快速成长成才。2022年9月，管欣宇正式加入山东销售，成为一名石油新人。参加工作以来，管欣宇始终以石油精神为指引，扎根岗位苦练技能，时刻保持"空杯心态"，脚踏实地做好每一份工作，将知识与汗水挥洒在走过的每一个岗位。

油站锻炼，夯实从业之基

结束入职培训后，管欣宇被安排在枣庄分公司第66、65加油站进行轮岗实习，从营业员、前厅主管、站经理助理等角度深入了解加油站各项业务。在加油站导师的引导下，管欣宇不断打磨提升自己的营销技能和服务态度。面对每一位顾客，她都努力做到加油服务"暖心快捷"——10秒内到达车前、引车到位，主动提供简易擦车等增值服务，并为顾客推介优惠券和抽奖活动，引导顾客下载"中油好客e站"App，凭借热情饱满的服务态度，她收获客户大量好评。在加

管欣宇在加油站轮岗实习

油工作之外，管欣宇积极参与客户随访，学习客户开发基本流程，并在实践中揣摩如何通过异业合作、"一客一议"等方式促进客户开发；学习各类加油站设施设备基本使用操作、接卸油安全流程等内容，并主动了解设备原理结构，参与日、周巡检，掌握安全检查台账的建立；熟悉便利店盘点补货、陈列逻辑、堆头搭建等技巧，并积极参与"油非互促"实践。在日常工作的基础上，她还利用函数、透视表知识，协助加油站制作 Excel 模板，提高数据记录、盈亏分析的效率与准确性，并在加油站管理 3.0 系统上线之际，探索联量绩效的精细化应用，试行 3 个月，济南 5 加油站加满率增幅 11%，非油毛利增长 68%，开卡有效率提升 75%，班组工资上涨 10%。

科研创新，加深岗位理解

管欣宇在发展计划部锻炼期间，正值山东销售新能源业务开展初期。作为高层次引进人才，管欣宇被委以重任，积极推进普及新能源新知识、研究新业务工作，参与新能源专题培训，与编辑小组共同撰写《新能源时代综合能源服务站营销理论与服务》《新能源建设运行 300 问》2 本工具书，并于 2023 年由石油工业出版社出版发行。入职以来，撰写论文 16 篇，其中《成品油销售企业"光伏+"模式收益计算和管理策略分析》，建立了一套基于人工智能遗传算法的"光储充一体"系统管理和收益测算模型，在《国际石油经济》2023 年第 8 期刊发；《基于神经网络的综合能源服务站数据分析模型》《综合能源站绿氢制售一体模式分析》等 10 余篇论文发表于《车用能源储运销技术》等期刊；《成品油销售企业新能源营销方针探究》获 2023 年度中国石油企业协会石油石化企业管理现代化创新优秀成果优秀论文二等奖;《动态电价下的加油站光伏收益测算模型》等论文获全国石油统计学会一等奖、经济学术年会二等奖等荣誉。

实践蹲苗，锤炼综合能力

从加油站到油库、从一线到两级本部、从传统网建到新能源布局，在多个岗位的锻炼中，管欣宇逐渐成长为业务"多面手"。轮岗到网络建设岗时，为进一步增强法律思维和风险意识，她利用"碎片化"时间系统学习法律知识，2024年3月取得法律从业资格证书，并成为山东销售律师。实践是理论的"试金石"，凭借严谨细致的工作作风、对岗位工作和法律知识的理解，管欣宇与山东销售新能源专班、非油洗车业务小组等共同完成新能源建设、洗车业务提质增效等重要工作任务，并参与浙江油田牵头推进的山东省"十四五"首批集中式陆上风电项目，进一步加深新能源业务理解。针对光伏发电效率、发电收益不佳等问题，管欣宇建立光伏"体检"模板，对山东销售光伏项目的发电效率、综合收益、内部收益率等关键指标进行财务和运行评价，并利用统计学手段对各项运行参数进行关联分析，诊断部分光伏项目低效原因。发现问题成因后，她迅速挑选几座典型光伏项目，与光伏厂家协商进行试运维。事实证明，通过红外检测、组件清洗等运维方式，低效项目的发电效率提升50%~100%，达到预期发电水准，并以此为根据参与编制《山东销售光伏运维方案》。面对山东销售洗车业务提质增效及与合作方续约谈判的工作任务，与工作小组共同梳理约20家洗车业务运营服务商上报的200余个洗车项目、

65 类数据信息，进一步精确各合作方的核算成本、分类统一计价标准，并逐站设置成本和收益的测算模型，一站一策，为后期续约谈判提供数据参考，同时筛选一批高收益洗车项目，设定初步方案转为自建自营模式，相比原方案每年可提升约 200 万元利润。除此之外，立足充电业务发展实际，管欣宇制作充电项目投资、建设测算模板，提升新能源投资工作精度，积极参与站外充电项目考察与谈判，提供数据分析和法律意见。各项工作之余，管欣宇担任山东销售文化展厅讲解员，参与各类讲解活动 40 余次，助力企业文化宣传。

自成为石油人那天起，科研创新、实践锻炼、练好基本功成为管欣宇的日常，她始终心怀建设能源强国的使命任务，在知行合一的实践过程中绽放青春风采，在各个锻炼学习的小岗位实现大梦想，为中国石油建设基业长青的世界一流企业贡献青年力量。

奋战金融

精心育才　轮岗强能
"传帮带"助力新员工成长起航

中油财务有限责任公司

青苗之始

赵海涛，男，2022年毕业于对外经济贸易大学金融学专业，硕士研究生学历，中共党员，现任中油财务有限责任公司（以下简称中油财务）香港子公司金融市场部专员，同时担任中油财务团委组织委员。入职以来，先后在中油财务国际业务部外汇资金管理岗、资金运营部资金管理岗和办公室/党委办公室（维稳信访工作办公室）公司治理岗等锻炼学习；参加中油财务第二期"青马工程"培养期间，挂职担任中油财务大庆分公司客户部、结算部副经理。获得集团公司2022年新员工集中培训优秀学员、2023年中油财务团委优秀团员、2024年中油财务青年岗位能手等荣誉奖项。

中油财务深入贯彻集团公司人才工作部署，高度重视建设与集团公司高质量发展相适应的新员工基础培养体系，充分利用企业境内外"一体双翼"国际化人才锻炼平台，初步建成以石油金融人才素质能力模型为培养蓝本，以石油精神文化锤炼为培养根基，以"薪火计划"双导师培养为基本保障，贯穿新员工入职前3年的"六个一"育苗计划。

跨部门轮岗锤炼，纵深横向砥砺成长

入职伊始，中油财务根据赵海涛的专业背景、性格特点，结合部门和员工双向意愿，为其精心设计了"国际业务部（前台）—资金运营部（中台）—综合管理部（后台）"轮岗路径，同时落实"薪火计划"双师制，安排职业导师帮助员工规划个人职业成长路径，业务师傅帮助其在"拜师学艺""结对帮带"的过程中熟悉岗位业务。

安排员工在专业条线上纵深发展，快速提升其专业能力。根据企业业务需要，结合赵海涛的业务意愿，中油财务安排其到资金管理领域，以不同的角色应对不同工作岗位的挑战，在外币和人民币的不同领域上历练提升。无论是外汇资金集中管理的棘手难题，还是人民币资金调拨不断变化的市场环境，都成为其快速成长的助推器。半年时间，赵海涛迅速成长为资金管理的熟练员工。

帮助员工跨领域横向拓展，激发其复合发展潜能。从前中台的业务岗转到后台公司治理岗，跨领域的工作激发了赵海涛的综合潜能。从公文写作到工作督办，从对内协调各部门到对外对接上级机构，从组织三会召开到制定修订企业基本制度，跨领域的轮岗实习，改变的是员工"螺丝钉"的思维模式，增加的是员工换位思考的能力，实现的是员工的长远发展。

赴基层挂职锻炼，服务一线提升能力

组织新员工深入基层实践是"六个一"育苗计划的重要环节。赵

海涛挂职任大庆分公司客户部副经理，深入市场营销一线，拜访大庆和海南地区客户，践行产融结合理念，结合企业经营特点详细介绍资金池与结算、信贷业务、票据业务、非融资性保函等金融服务，重点推介油品惠、储气贷、风力发电贷、光伏发电贷等专项产品，真正做到"客户有需求，服务不停歇"。

为了服务中油财务广大青年，赵海涛主动报名中油财务团委委员选举候选人并成功当选中油财务团委组织委员，配合高质量完成团委换届选举，合理规划设置基层团组织架构，结合实际制定团费收缴使用制度，有序推进境外助学、环保等志愿活动，架牢外派青年员工与本地员工"连心桥"，在新员工快速融入境外生活方面服务青年。

岗位练兵务实创新，国际视野独当一面

中油财务充分运用全行业唯一在境外设立分支机构的企业的独特优势，将"国际＋金融"作为企业人才培养特色，以香港公司为中心，利用香港、新加坡、迪拜三地优势，搭建国际化人才培养平台。在本部充分锻炼1年后，赵海涛正式外派到香港公司，在岗位实践中接受锤炼。

香港公司业务种类复杂多样、工作任务繁重、人员相对较少，赵海涛意识到，"边干边学""快速转化""独立思考"将成为他解决问题的"利刃"。金融市场部投融资岗是香港公司业务发展的关键岗位之一，解剖全球金融市场是必不可缺的能力，需要从纽约鲍威尔的讲话中揣测美元走势，从日本YCC曲线控制中想到套息交易的猖狂，从各地冲突不断中找到汇率和大宗商品的波动走势。为此，赵海涛充

分利用"中油财务大讲堂"等网课资源自主学习，通过不断思考、实践和复盘总结，短时间内摸索出关于保险、券商、租赁、电力、建筑、铝业等不同企业信用分析框架。过去2年，他负责的投资业务，年均管理规模36亿美元，于各类投资标的精选债券及基金投资约24亿美元，涵盖持有至到期、久期对冲、境内外均衡配置等多种策略，年均收入贡献1.4亿美元，助力国有资产保值增值。

境外工作需要员工具备开拓进取、解决复杂问题的能力。初至香港公司，赵海涛面对的第一个挑战就是境内外市场差异导致的监管不适用情况，他通过研读境内10余份监管文件、境外20余份英文债券募集文件（OC），反复比较制度差异、仔细分辨条款内容，2次向监管机构申请投资差异化管理政策，有理有据的说明均获得监管许可，

赵海涛在观察美元利率市场夜盘情况

为中油财务争取到宝贵的政策窗口，避免了因市场波动而导致的近千万美元亏损。

境外工作更需要谈判能力和竞合能力，赵海涛积极调动外部金融机构资源，巩固了与中银国际、JP摩根等机构债券方面的合作，扩展了工银亚洲等债券正回购交易对手，与标准普尔、穆迪公司、惠誉国际信用评级有限公司三大国际评级机构保持密切沟通，同集团公司财务部一同维护集团公司国际评级和保持良好市场融资形象。对内提高格局站位，跳出部门局限，利用交叉货币掉期（CCS）和利率掉期（IRS）等外汇工具，联合资金部门挖掘欧元、人民币投资机会，落实境内外投资一体化要求，对比国内与国际市场风险收益情况，强化资金运作，抓住投资机会，完成大额美元投资，锁定较高收益率。

主动蹚深水区，大胆突破思维定势，把普通工作做出特色、把优势工作做成品牌。面对境外人手不足的困境，赵海涛积极拥抱数字技术，推动投资业务数字化可视化，以境外ERP建设为契机，优化现有投资业务系统，提高了工作效率和保障准确性；以推进加强三基建设为抓手，着手编制境外投资基础手册；完善投资制度建设，新制定《固定收益类产品投资管理规定》《债券投资实施细则》《基金投资实施细则》等制度，从投前、投中、投后各环节规范现有投资业务。积极助力中油财务境外品牌建设和宣传，赵海涛代表中油财务向中国移动、中国电建香港财资中心分享投资业务经验，共同推进行业发展进步；同香港金融管理局、香港交易所等机构保持联系沟通，争取政策支持，助力中油财务在香港金融业务发展壮大。

天高海阔，大有可为。展望未来，以赵海涛为代表的中油财务青年员工，将继续以石油青年的朝气、锐气和激情扎根基层工作，为中油财务高质量发展提供坚强保障，为集团公司加快建设基业长青世界一流综合性国际能源公司，为国家加快金融强国建设贡献力量。

一段启新开篇的奋进之路

昆仑银行股份有限公司

> 钱金宇,女,2020年11月毕业于英国利兹大学统计学与金融应用专业,硕士研究生学历,中共党员。2021年入职昆仑银行股份有限公司(以下简称昆仑银行)上海国际业务结算中心,先后在综合柜员岗、内控合规岗、纪检岗等多个岗位上锻炼学习,凭借出色的表现荣获2022—2023年昆仑银行青年岗位能手、2023年度上海国际业务结算中心优秀员工等多项荣誉,实现从职场新人到业务骨干的华丽蜕变。

上海国际业务结算中心是昆仑银行新员工的培养基地。在昆仑银行搭建的新员工培养体系下,钱金宇通过集团公司及昆仑银行新员工标准化培养、"线上+线下"一体化运营、双导师培养机制、实践轮岗锻炼等,不断提升综合素质和履职能力。通过3年分阶段、进阶式的培训和跟踪式培养,她逐步实现从"适岗融入"到"人岗匹配"再到"在岗提升"的进阶式发展,为她在不同岗位上的出色表现提供了有力支持。

业务精进，服务卓越

入职初期，面对业务操作的不熟练和客户期望的压力，钱金宇没有退缩。她将师傅传授的知识与技巧铭记于心，利用午休和下班后的碎片时间刻苦练习，从翻打百张到点钞技巧，每一个细节都不放过。凭借这股韧劲，她仅用 1 个月就达到了综合柜员岗位标准，成为同期中的佼佼者。在昆仑银行长江以南唯一一家对外经营网点，面对复杂的对公业务，她充分发挥善于钻研的特质，反复琢磨业务流程和操作细节，成功将开立一户对公账户的时间从 2 小时缩短至 40 分钟，并总结出一套"个人法宝"在全网点推广，极大地提升了工作效率，获得了同事和客户的一致好评。在服务客户的过程中，她积极响应二次创业号召，利用服务间隙进行一句话营销，其营销故事入选昆仑银行营销优秀案例，并荣获储蓄存款优秀营销能手称号。

合规担当，风险防控

入职第二年，钱金宇转入风险合规条线，面对全新的挑战，她迅速调整状态，保持高度的工作热情和强烈的服务意识。她沉下心来学习内控、合规、审计等专业知识，加班加点撰写报告、审核业务。在反洗钱管理工作中，她坚持原则，敢于"亮黄牌"，同时又能换位思考，耐心帮助同事解决实际问题。在她的努力下，上海国际业务结算中心反洗钱有效性跃升分行第一，首次获得昆仑银行反洗钱先进集体荣誉，她个人也荣获昆仑银行反洗钱管理先进个人称号。2023 年下半年，她转到纪检岗工作，面对更高专业度和更强政治性的工作，她深入学习纪律检查、执纪监督等党内外文件，独立编制了包含 42 个岗位、759条廉洁风险点、1663条防控措施的廉洁风险库，并组织开展廉洁专题党课、清廉宣传短视频拍摄、廉洁展馆参观等活动，为营造风清气正的工作环境不懈努力。

钱金宇在综合柜员岗实习

大局为重，勇于担当

除本职工作，钱金宇还积极参与上海国际业务结算中心的年度工作会材料、年度考评材料等重要文稿的撰写工作，为领导决策和经营管理提供有价值的建议。在2022年上海疫情期间，她勇敢逆行，封闭在单位60余天。期间，她不仅着力破解人员缺乏、系统调整等难题，确保业务平稳运行，还帮助企业解决紧急资金需求、工资发放等燃眉之急，用实际行动诠释了石油金融青年的使命与担当。作为团总支书记，她努力引领青年，加强政治理论学习，组织开展主题团日活动，成立产融突击队、新媒体小组等，引领青年在业务发展和经营管理中冲锋在前，展现责任担当。

  时光的历练磨去了青涩，更淬炼出璀璨的光芒。钱金宇的成长故事，生动展现了青年员工在集团公司及昆仑银行培养机制下的蓬勃成长。她将个人奋斗融入组织培育，以扎实行动书写职业生涯亮丽开篇，有力彰显了新时代青年的责任担当与积极作为。昆仑银行将持续完善新员工培养体系，精耕细作人才沃土，努力为集团公司锻造一支高素质专业化的青年生力军，为高质量发展注入澎湃的青春动能。

奔赴海外

笃行不辍　实干担当
向复合型国际化人才目标不懈奋斗

国际事业有限公司

青苗之始

杨雅捷，女，2021年毕业于清华大学法律专业，硕士研究生学历，中共党员，现在中国石油国际事业（日本）有限公司天然气部LNG执行岗工作。自参加工作以来，先后在广西石化分公司、中国石油国际事业有限公司、广西销售分公司实习，在中国石油国际事业有限公司（以下简称国际事业公司）人力资源部招聘调配与劳动关系管理岗、中国石油国际事业（日本）有限公司企画部计划法律岗等岗位锻炼学习。获得国际事业公司优秀实习员工、2022年三季度党员先锋岗，随人力资源部招聘团队获国际事业公司青年文明号。2023年参加国际事业公司第二期青年骨干人才（青马工程）培训班，任学习委员。

国际事业公司为新员工制定"启航计划"综合培养方案。具体包括为期1个月的集中培训（涵盖基本规章制度、石油精神传承和国际贸易行业基础知识3个方面），为期5个月的产业链和业务实践（覆盖贸易、生产、销售3个核心产业链环节），以及为期2年的"师带徒"岗位培养。帮助新员工全面了解企业战略、熟悉企业业务、融入企业文化，适应岗位工作节奏，达到独立上岗的基本要求。入职4年来，国际事业公司在集中培训的基础上，先后安排杨雅捷先后在6个部门轮岗锻炼，工作内容覆盖人事、法律、计划、LNG执行等中后台多个领域。精心的组织安排和本人的不懈奋斗，帮助杨雅捷以复合型国际化人才为目标快速成长。

全链条实习筑牢根基

国际事业公司对新员工实施涵盖石油全产业链条与业务图景的实习培养。依托广西实习基地，国际事业公司组织新员工在广西中石油国际事业有限公司、广西石化、广西销售3家单位进行轮岗实习，深入炼厂装置区、码头物流枢纽、报关报检窗口等一线场景，系统学习产业运作逻辑，帮助新员工建立完整的石油产业认知，培养"沾油味、接地气"的服务意识，为国际贸易业务的开展夯实基础。在实习期间，杨雅捷主动跟随师傅深入装置区巡检，手绘工艺流程图，在接待顾客的空隙时间整理常用付款方式的收款流程，展现出突出的学习能力和总结能力，快速完成从学生向石油人的转变，得到实习单位一致认可，获得优秀实习员工称号。

充分授权促进快速成长

在"师带徒"岗位培养过程中，国际事业公司将新员工的能动性和导师的指导作用充分结合，由导师和新员工沟通，共同制定培养方案。同时给予新员工充分的工作授权。在导师的指导下，杨雅捷凭借严谨的工作作风与快速学习能力,迅速成为团队骨干。作为核心工作人员参与世界一流国际化人才队伍建设方案编制;牵头 2023 年毕业生招聘,组织 5 场高校专场宣讲会,安排境内外 4 批次 30 余场领思英语考试,首次与外部机构合作组织线上专业笔试和心理测试;针对中国籍属地化雇员招聘难题,深入分析境外机构需求,形成专项建议方案。2022 年绩效考核排名部门第一。

杨雅捷牵头国际事业公司 2023 年毕业生招聘工作

多岗位历练成就复合型人才

国际事业公司在员工岗位安排时,坚持"人岗匹配"原则,以工作需要为前提,充分考虑员工特点和意愿。杨雅捷发展路径就充分结合了其语言优势和专业背景。2022 年 12 月外派至国际事业(日本)

有限公司后，杨雅捷先后在企画部和天然气部轮岗。在企画部主要参与法律合规、规划计划、市场调研、综合行政等工作。负责起草修订客户管理实施细则等规章制度，组织知识产权宣传和《中华人民共和国公司法》宣贯，排查假冒企业和涉外知识产权情况，对业务合同提出法律意见；编制图说贸易重点工作任务分解表，助力报告宣传"形象升级"；完成关于中国石蜡产品经加工被判定原产地为日本可能性的报告、日本全球战略布局油气资源与维护稳定供应的主要举措报告等多项专题报告，助力发挥企画部"智囊团"作用。在调至天然气部执行岗后，杨雅捷负责10余船LNG实货业务的执行工作和每日数据收集、周报制作等基础工作，从每一件小事做起，接触国际贸易链条的具体运行。

此外，杨雅捷还充分发挥日语专业背景优势，圆满完成国际事业（日本）有限公司领导会见日方合作伙伴高层日语口译工作15次，在国际交往中维护了企业良好形象，得到中国驻日本国大使馆经济商务处及国际事业（日本）有限公司领导、日方客户的一致好评。

经过近4年的系统培养和锻炼，杨雅捷已经顺利成长为熟悉国际贸易业务，具备多岗位工作经验的业务骨干，向复合型国际化人才的目标迈出了坚实的一步。

保障能源安全　时刻冲锋在前

中油国际管道有限公司

陈福鑫，男，2021年毕业于中国石油大学（北京）石油与天然气工程专业，硕士研究生学历，中共党员，现任中乌气项目布哈拉管理处WKC1站自控工程师。入职后在中油国际管道有限公司（以下简称国际管道）阶梯式培养体系安排下，先后在人力资源部、调控中心实习锻炼。2022年获中亚天然气管道泄漏后果计算模型研究与实践三等奖，2023年获集团公司第二期国际化后备人才培训班优秀学员。

国际管道为每一位新员工都制定了翔实可行的培养方案，这些培养方案围绕企业发展目标，立足新员工个人特质、能力基础与潜力优势，结合专业背景，构建了"标准化+模块化+个性化"三位一体的培养体系。实施"三年三个一"重点项目，即：1年集中培训筑基、1年国内外轮岗见习、1年海外基层岗位实践；在3年时间里，要练就"1"身业务能力、掌握"1"种新外语技能、经历"1"段基层一线岗位锻炼。通过系统化培育，推动大庆精神铁人精神及"智慧+实干"的国际管道人精神深度融入员工价值理念，助力新员工锚定个人与企业同频发展的奋斗坐标，全面提升国际化视野、专业化素养与职业化水平，筑牢职业发展根基。

在培训学习中夯实专业基础

外语能力尤其俄语能力是在海外中亚地区工作的基本。为提升新员工的俄语能力，国际管道每年都会依托与北京外国语大学的深度战略合作开展为期1年的俄语系统培训。尽管受疫情影响，2021—2022年的俄语培训班被迫改为线上授课模式，培训效果相对不如线下脱产学习，但陈福鑫还是靠着自己的认真和努力，以班级前列的成绩顺利结业，并顺利通过集团公司俄语托福的听力考试。

过硬的专业技术能力对从事国际业务十分重要。2023年，国际管道安排陈福鑫参加集团公司第二期国际化后备人才（专业技术方向）培训班。在为期2个月的培训里，陈福鑫学习了包括全球能源格局、能源转型、国际油气合作、钻井、油气开发等在内的丰富的专业技术课程，他与同学们积极交流，认真沟通，相处融洽，表现优异，荣获优秀学员荣誉称号。

为了进一步提升陈福鑫的专业理论素养，国际管道还安排陈福鑫参加集团公司级生产运行教材《原油管道站场运行》编写工作。能够参与如此重要教材的编写，陈福鑫深知这是组织对他能力的考验，不能辜负这份期待。他提前上网搜索教材编制的注意事项，收集编制相关材料，整理问题并在教材编制碰头会上逐一寻求解答。作为基础知识部分编写组的成员，他积极配合编写组长的工作，提交参考书目，向参与过《天然气管道站场运行》教材编写的同事请教经验，同时与专家、出版社编辑等主动沟通对接，按照意见不断修改完善。教材初稿讨论会上，在编写组长因故无法汇报的情况下，组织安排他临时代替组长向参会领导、专家汇报了基础知识组的编写情况和存在问题，并与他们讨论交流成稿意见，在他的努力下，教材基础知识部分顺利按计划高质量完成。

在轮岗见习中学会独当一面

按照培养方案规划，2021年9月，陈福鑫被安排到国际管道调控中心轮岗实习，作为值班调度参与日常倒班，同时也可以充分了解熟悉企业全线生产运行情况。调控中心按照双导师制精准配备了调度"业务导师"。2021年11月17日，陈福鑫迎来了轮岗实习的第一个挑战。企业大楼出现疫情密接情况，受此影响，调控中心的部分调度同事需要居家隔离，值班人手严重短缺，为保证值班生产工作的连续性，国际管道安排入职4个月的陈福鑫配合顶岗值班。11月17日晚是他单独顶岗的第一个夜班，交接前的白班生产情况一切正常，然而他接班后没多久，管道上游某气源就发生了故障。他按照之前跟随调度业务导师值班时学到的信息流转流程进行处理，联系现场确认故障具体信息，并通过短信、电话等向相关领导、同事汇报故障情况。然而眼看时间一点点流逝，气源如再不恢复则必须考虑协调下游调整管道输量，这让经验不足的他慌了神，在故障后续的跟进汇报中险些出了差错。他急忙向调度业务导师寻求指导，在导师的帮助下，陈福鑫进一步明晰信息跟踪汇报的流程及相关的应对措施，协调确定管线

陈福鑫在监控管道运行情况

流量调整方案,在后续的处理中开始变得娴熟。18日凌晨,气源故障处理完毕,供气量逐渐恢复,汇报完故障恢复情况后,他紧张、焦急的心才终于放下来。经过这件事,他更加认识到生产无小事,打铁还需自身硬。第二天,调度业务导师带他认真复盘了这次夜班的故障处理经历,结合相关预案系统梳理了他在处理过程中的不足。在后续值班跟班中,他按照业务导师的要求,认真学习故障处理经验。后来,在面对气源故障、机组停机、高温寒潮等各类状况和突发事件时他都做到了沉着冷静应对、及时高效处置,真正成长为一名独当一面的值班调度,而这也恰恰体现了国际管道"压担子促成长"的培养理念。

在海外站场上守卫能源安全

在《原油管道站场运行》教材编写过程中,在调控中心值班过程中,陈福鑫都发现了自身在专业实践和现场经验方面的不足,他非常迫切地想要到海外站场去把自己入职以来积累的专业理论实践出来,真正到海外现场一线去守护能源安全。经过和组织多次、充分的沟通,结合新员工培养方案的安排,2023年10月底,陈福鑫如愿启程前往中乌气项目工作，在布哈拉管理处 WKC1 压气站担任自控工程师。WKC1 站是中亚天然气管道的首站，对整条管道都具有重要的"龙头"和"首道屏障"作用。能够被组织安排在这样重要的岗位工作，陈福鑫深感责任在肩、使命光荣。为了使陈福鑫等新入职员工能够尽早适应海外生活、早日独立顶岗，除了按照"双导师"制指定站场"业务导师"外，国际管道还协调布哈拉管理处成立专门的新员工培养小组，小组成员包含布哈拉管理处领导、站长和站场自控、压缩机专业工程师等，并为陈福鑫量身定制了站场工程师培养计划，内容包含站场工艺、压缩机、机械、自控、电气等专业通识基础知识，也包括俄语交流、安全生产知识、应急预案和应急处置案例等。除此之外，培养小组还安排陈福鑫前往兄弟站场参与压缩机燃气发生器大修、压缩机 BUNDLE 大修、空压机大修等大型维检修作业的现场学

陈福鑫在巡检管道

习。在站场日常培养和大修现场学习中,陈福鑫勤学多思,认真学习设备结构和 PID 图等,主动向现场师傅们请教,将图纸和实物一一对应,理清各系统工艺流程。在组织的持续培养下以及个人努力下,陈福鑫明晰了作为自控工程师的各项工作职责,掌握了自控各仪表设备的工作原理和常见故障,在站场日常故障处理中逐渐娴熟,迅速成长为一名优秀的站场自控工程师,并在 ESD 测试、压缩机 4K 保养等日常工作及多次故障处置中发挥作用,用实际行动切实保障了中亚天然气管道首站的安全平稳运行,守卫了国家能源安全。

"能源的饭碗必须端在自己手里",是习近平总书记的重要嘱托,也是新一代石油人的核心职责和光荣使命。他知道,是集团公司、是国际管道给了自己施展抱负的舞台,给了自己能源报国的机会;也正是集团公司和国际管道科学的人才培养体系,才使自己能够迅速学习成长,将个人理想熔铸进保障国家能源安全的时代使命中。未来他也将继续牢记总书记的重要嘱托,当好能源保供"顶梁柱"的一分子,珍惜集团公司和国际管道为自己提供的宝贵发展机遇,持续深入践行石油精神和大庆精神铁人精神,冲锋在保障国家能源安全的最前方。